其实，你可以更优秀

张弼君　朱占峰　著

图书在版编目(CIP)数据

其实,你可以更优秀 / 张弼君,朱占峰著. —杭州:浙江大学出版社,2015.3
ISBN 978-7-308-14295-3

Ⅰ.①其… Ⅱ.①张…②朱… Ⅲ.①自我管理学—通俗读物 Ⅳ.①C936-49

中国版本图书馆 CIP 数据核字(2015)第 001530 号

其实,你可以更优秀
张弼君　朱占峰　著

责任编辑　吴伟伟 weiweiwu@zju.edu.cn
封面设计　续设计
出版发行　浙江大学出版社
(杭州市天目山路 148 号　邮政编码 310007)
(网址:http://www.zjupress.com)
排　　版　浙江时代出版服务有限公司
印　　刷　杭州杭新印务有限公司
开　　本　710mm×1000mm　1/16
印　　张　16.25
字　　数　195 千
版 印 次　2015 年 3 月第 1 版　2015 年 3 月第 1 次印刷
书　　号　ISBN 978-7-308-14295-3
定　　价　49.00 元

浙江大学出版社发行部联系方式　(0571)88925591;http://zjdxcbs.tmall.com

自序

当今世界，科学技术飞速发展，知识更新呈爆炸状态。但是，宇宙未被发现的物质仍占绝大多数，有待于我们人类去不断地探索和挖掘。

就我们人的本身而言，尽管有很多人表现得非常优秀，但是，内在的潜能是无穷的，只要我们坚持不断地挖掘自身内部的潜能，我们就能表现得更加优秀。

而挖掘我们内在潜能的唯一工具就是管理。用科学的方法进行自我管理，让自己变得越来越优秀。本书取名“其实，你可以更优秀”就是这个意思。我们衷心希望，每个读者都能用适合自己的科学方法，充分挖掘自身的潜能，让自己变得更加优秀，从而对社会和人类做出更大的贡献。

希望出版《其实，你可以更优秀》一书这一想法，在我的内心已撞击了将近十五年之久，却一直没能成稿。今年初，宁波石源矿泉水开发有限公司副总经理徐捷(在我担任埃索中化石油液化气有限公司和宁波北仑港杨公山石化码头有限公司总经理期间，曾任我的秘书)联络了宁波工程学院学生处徐可明处长(金融危机期间我在宁波工程学院讲课时认识的老师)，徐可明处长又推荐了该院经管学院的朱占峰院长，朱院长知道此事后非常高兴，并召集了经管学院的张晓东博士、屠巧平教授、罗耀老师,以及一批优秀学生一起参与。有了这么一支优秀的团队配合,他们对我的主旨演讲进行热烈讨论,并寻找了相关链接,特别是朱占峰院长和张晓东博士等人员认真编制和严格把关,书稿就这样出来了。

本书分管理丛林:乱花渐欲迷人眼;管理入口:欲知诀窍问自身;管理重心:聚焦人身四扇门;管理要核:定律二八利统一;管理智慧:释儒道易蕴精华;管理出彩:任务困难助我飞等六章。但是这本书的主要思想只是框架性和方向性的,很多思想没能深化和具体化,如健康问题,人为什么为生病,健康必须注意哪八大要素,这八大要素又有什么关联,有了病如何再走向健康等都没有深入展开,希望有机会还能出一些具体和深入性的东西。衷心希望本书能开启每一位读者的心灵窗户,关心自己,热爱自己,让自己变得更加优秀。

张弼君

2014 年 7 月 26 日

目录

管理入口：欲知诀窍问自身

管理重心：聚焦人身四扇门

04 管理要核：定律二八利统一

05 管理智慧：释儒道易蕴精华

附录　管理感悟

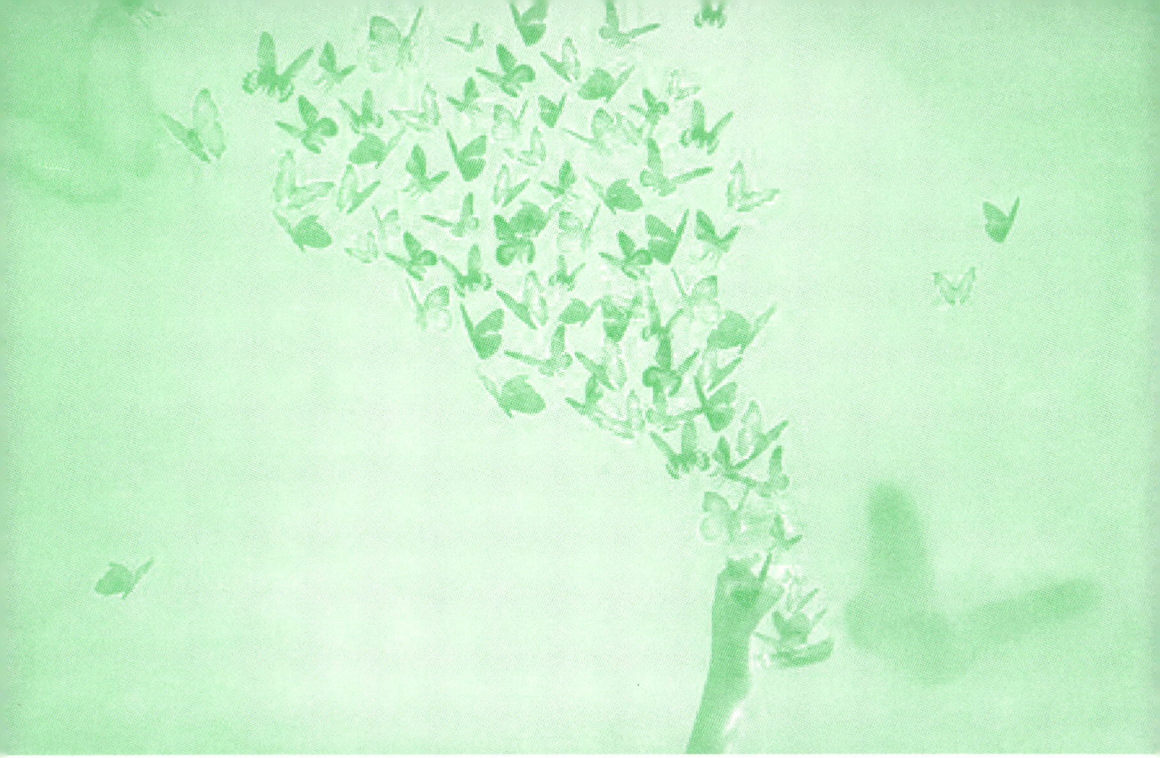

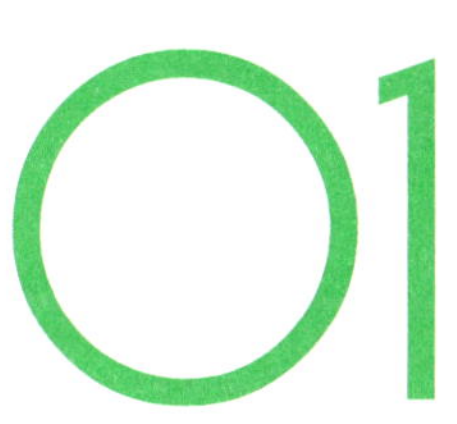

01 管理丛林：乱花渐欲迷人眼

管理是个永恒的话题，管理的对象似万花筒，管理的方式似“百变金刚”，管理的思潮竞相荣发，光怪陆离，令人眼花缭乱。但管理的魅力，使人执着追求，常没马蹄。

本章主旨

自从诞生了人类文明，也就产生了管理。管理源于生活，管理蕴含在经营之中。对管理奥秘的探寻，吸引了众多大师与凡人，他们从不同的视角，挖掘和萃取管理的机理和精华。从老子、孔子、庄子……到泰勒、梅奥、德鲁克……管理从心灵的管理，到制度的管理，又步入人性化的管理，尽管走了一个圆圈，但是，管理的内涵和技巧却在大幅度地提升。

面对令人眼花缭乱的管理丛林，本章紧紧抓住"什么叫管理？什么叫科学管理？什么叫现代化管理？科学管理与现代化管理有何区别和联系？我们如何抓住管理的牛鼻子"等问题，奉献给读者一张清晰的管理演进脉络图。

一、何谓管理

每个人的心里都埋藏着无数的宝藏,或严谨,或沉稳,或胆大心细,或激情四射……随着“时间地壳”的变动,有些宝藏被挖掘出来,但是有些宝藏却被埋得越来越深,永远都没有在世人面前闪耀的机会。如果一个人潜在的宝藏被挖掘得越多,那么他的人生所实现的价值就越大,也就越容易获得成功。而帮助人们挖掘内心宝藏的最佳工具就是“管理”。

管理具有多变性,千姿百态,在不同的事务中,利用其特定的形状,发挥其特定的作用。当被管理的目标千变万化,那么管理的方法也就千变万化了。管理无处不在、无处不需,生活、工作、学习,处处都藏着管理的身影。

(一)管理源于生活

有人说,生活是孕育管理的土壤。为了让生活变得更加美好有序,我们往往需要对其进行严格的管理。

从最简单的拖地开始谈起。虽然拖地是每个正常人都会做的事,但是,大家是否仔细考虑过,其实拖地的过程中也包含着管理的思想。一般要将地面打扫得相当干净的话,需要经过以下几个步骤。首先,用扫把将地面上的垃圾清理掉;其次,用刷子将自己的鞋子刷干净,这样在拖地的时候不容易留下脏的脚印;最后,用干净的拖把将地面仔仔细细地从左往右拖过去。这是一种分步骤的管理思想。

再比如说,我们用 5 分钟时间洗菜,用 2 分钟看报纸,用 15 分钟烧开水,用8分钟折叠衣服。对于不懂得管理的人,也许会随心所欲利用这段时间。而对于善于管理时间的人来说,首先会在脑子里过滤一下所有任务,将它们都清晰地罗列出来。那么,他们做起事情来,会有缓有急,他们会先烧开水,再折叠衣服,接着洗菜,最后看报纸。这就是合理分配时间的管理方式。

假如一个人的生活缺少了管理,那么他就不会产生动力,于是很容易沦陷为典型的“宅男”“宅女”,早上的懒觉,晚上的游戏,成了他们的专属品。他们仿佛被抽走了灵魂,做什么事都没有目标,碌碌无为,毫无头绪,效率低下。缺少管理只会导致无法释放正能量,离最初的梦想越来越遥远。

管理存在于生活之中,科学合理的管理方式为生活插上了飞翔的翅膀,让生活能够向更远更高的方向飞去。

正是因为有了交通管理,人们才会在红绿灯前停下匆忙的脚步;正是因为有了城市管理,我们才能看到一幢幢拔地而起的高楼大厦、错综复杂的立交桥;正是因为有了教育管理,才能以最公平的方式,选拔出最优秀、最合适的人才,等等。

生活中的管理就像是地球上的万有引力,我们或许感受不到其真实的存在,但它的重要性却每时每刻都体现在我们的身边!

讲故事,说管理

一条长裤的悲哀

一个男孩子在穿一条长裤时,发现裤子长了一些。于是他请奶奶帮忙将裤子剪短一点。可奶奶说,她现在太忙,让他去找妈妈。而妈妈则回答他，今天她已经同别人约好去打桥牌。男孩子又去找姐姐，但是姐姐有约会。时间已经很晚了，这个男孩非常失望，他怀着担心明天穿不上新裤子的不安心情入睡了。奶奶忙完家务事，想起孙子的裤子，就拿剪刀将裤子剪短了一些；姐姐约会回来，心疼弟弟，也把裤子剪短了一点；妈妈打完桥牌回来后又把裤子剪去一截。结果想修改一下长裤，却将其剪成了短裤。

这是生活中最普通的缺乏管理的例子。从这件微小的事中，我们可以看出，不管做什么事情，都需要有合理与科学的管理。所以，大到一个国家，小到一个家庭，管理时刻存在于我们的社会生活中。

(二)管理蕴含在经营之中

著名管理学家彼得·德鲁克(Peter F. Drucker)在很多企业做过一个实验：询问公司最优秀的员工在从事什么任务。大多数企业的回答都告诉他，优秀的员工在帮助企业解决问题，而不是寻找能够为企业带来重大发展的机遇。

这是一种很常见的经营失误。在企业经营过程中，大多企业都被一个个绊脚石牵绊住快速前进的脚步，这些绊脚石大致可以分为定价型失误和机会型失误两大类。

定价在很大程度上可以决定一个企业的利润，几乎所有的企业都将获取利益尊崇为企业经营的宗旨。因此，企业要在经营过程中，不断根据外界环境和形势的发展调整产品的价格。而当企业一味地进行追求利润和“溢价”时，就陷入了黑色的漩涡！企业不再是为了满足消费者的价值感而经营，而是为了追求区区的一点利润而抛头颅洒热血！那时候，企业就成了金钱的奴仆、权利的拥护者。

除此之外,众多企业也正在面临一个被动的局势:拒绝改变对曾经带来很大成功的经营思路和方式。因为昨天的成功而错失明日的机遇。这种自以为是的成就感是企业经营的最大敌人之一。尤其是在市场变化异常迅速的21世纪,昨天的成功已经没有一点价值。

这种经营失误就像一条条可怕的寄生虫,若长此以往地依附在企业身上,企业的灵魂就会被慢慢腐蚀,最后走向灭亡。经营之道不是为企业量身定做的嫁衣,不是一套一劳永逸的经营规则。它只能够解决一时的问题,不能帮企业逃过一世的劫难。

由此可见,管理者必须根据外界的变化迅速地做出判断和调整。当发现经营之道不再适用时,应该及时着手进行重新思考和假设。

科学合理的经营管理对企业来说是尤为重要的。它是拯救病入膏肓的企业的苦口良药,是帮助塑造企业光辉形象的催化剂,是照亮企业走向更远前方的聚光灯!

讲故事,说管理

一代奇商胡雪岩的经营管理之道

清代奇商胡雪岩,幼时家贫,以帮人放牛为生,稍长,由人荐往杭州于姓钱肆当学徒,得肆主赏识,擢为跑街。他通过结交权贵显要,纳粟助赈,为朝廷效犬马之劳;洋务运动中,他聘洋匠、引设备,颇有劳绩;为支持出关西征,他筹粮械、借洋款,立下汗马功劳。由于出色的经营之道和卓越的管理水平,短短数年间,他便由钱庄伙计一跃成为显赫一时的红顶商人。他构筑了以钱庄、当铺为依托的金融网,开了药店、丝栈,既与洋人做生意,也与洋人打商战。胡雪岩的成功,很重要的一条原因就是他精于管理,善于用人,以长取人,不求完人。他曾说,一个人最大的本事,就在于其用人的本事。另外,他的职业道德管理和商品质量管理也令人敬仰,杭州河坊街留下的"戒欺"和"真不二价"就是最好的写照。

(三)管理是发展的动力

管理是在摒除发展的瓶颈。无论大小单位,其发展的要核均在于人力资源、资金财务、设备资产、文化理念、发展战略等方面。而这些方面恰恰是管理的重点领域。通过管理,排查问题,找出瓶颈,研究对策,消除瓶颈。随着问题的及时解决,以及管理障碍的一个个排除,无形中增加了发展的动力。

管理使战略更加清晰。德鲁克认为,一家企业要发展,必须拥有清晰的战略,寻求新的发展模式,并将资源和力量集中在预定目标上。在当今这个日新月异的经济世界里,仅仅依靠辉煌而止步不前是会被逐渐淘汰的。企业需要为未来发展目标做好充分的准备。因为发展离不开恰当的机遇,谁也无法确定快速发展的机会什么时候到来。机会永远都只垂青那些有准备的人或企业,所以企业能做的就是不断吸引优秀人才,引进高新技术,提高对现代企业制度的认识,提高企业的管理能力,努力完善自身经营管理水平,为企业的不断成长打下坚实的基础。

(四)管理有其主要内涵

在很多人眼里,"管理"是一个高端大气上档次的词汇!人们一看到这个词语,就会立马产生一种错觉——它离我们的生活很远。

管理理论创始人之一,法国的亨利·法约尔(Henri Fayol)将管理定义为:计划、组织、指挥、协调和控制。法约尔对管理基本思想的阐述反映在后来许多管理家给管理所下的定义中。

本书中,我们认为管理是管理者在特定的环境下,对组织的各类资源进行有效的计划、组织、控制,通过扮演领导、监听的角色,驾驭对组织的掌控,使组织成员高效率地实现既定目标的活动过程。通俗地讲,所谓管理,一是“理顺”,二是“管控”。管理的重心在“理顺”,“管控”占百分之二十,而“理顺”占百分之八十。“理顺”环节包括计划、组织和领导,“管控”环节则包括控制、监听和驾驭。

计划——“管理”的基础

在日常的工作和生活中,我们经常会看到“计划”这个词。大到美国政府的火星探测项目,小到人们的周末出行游玩行程,计划几乎无处不在。计划是联结目标与目标之间的桥梁,也是联结目标和行动的桥梁。没有计划,实现目标往往可能是一句空话。计划对于人生来说相当重要,没有计划的人生杂乱无章,看似忙碌却是空缺的。计划就是典型的“理”,它能理清思路,理出方案。

计划的过程中必须对将来做一些初步的预测。就像数学里的概率问题一样,我们需要分析哪些是可能事件,哪些是不可能事件,哪些事情可能会变化。在做出准确的预测后,再制定出行动方案。一旦未来发生变化,就能从容应对。拿炒股来说,你必须对股市行情做出一些分析,哪些股可能会升,哪些股可能会降;如果升,将立马购买多少,如果降,我应抛出多少。只有做出一些计划后,你才能操纵自如。

即使将来的所有情况都是确定的,你还是得做计划。你必须选择一种最好方法,使行为更有效率,对实现目标更有利。不过,情况一旦确定,并不等于你只有一条路可走,你往往会面临多种选择。比如,你从宁波至北京旅游,天气情况无变化,汽车票、火车票、飞机票均无变化,你选择哪一种交通工具呢？坐飞机时间短,但价格太昂贵;汽车、火车速度慢一些,但价格较为便宜。你是要时间,还是要价格,这些都必须提前考虑清楚,做出计划。

组织——“管理”的过程

当参加集体活动的时候,“组织”这个词语常常相伴而生。这时肯定需要出现一只领头羊,组织大家一起参观旅游景点,一起合影拍照,一起吃喝住行,使每一个队员在整个游玩活动中都感受到便捷和舒心。否则,大家各玩各的,很容易出现走散的现象,那这样的活动就不叫集体出游活动了。

不仅是人类,就连身边的小动物都懂得如何组织团队,使整个团队都凝聚在一起。当一场洪水突然来袭的时候,蚂蚁们不会乱成一锅粥,它们会在最短的时间里,有效集中起来,然后在有条不紊的组织命令下,选择抱成一团,在洪水中不顾重重高浪,义无反顾地“随波逐流”。它们这种临危不惧、高效率的组织能力是非常值得我们人类效仿的。由此可见,组织的作用在各个生物圈都显得相当重要。

事实上,“组织”一词有两层解释:一是作为名词的解释,这时“组织”是一个机构、一个单位的化身;二是作为动词的解释,这时的“组织”就是一个工作过程,是协调一群人步调一致,同心协力,向着一个目标迈进的过程。在这个过程中,仍是以“理”为主,“管”“理”结合。

控制——“管理”的保障

有人说,管理是一场控制性游戏。一个高层管理者,在掌握好充分的管理理论知识以后,首先需要建立的便是控制能力！就像古代的一国之主,倘若像刘备之子——阿斗那样,无才无谋,更不用提对大臣们的控制,从头到脚就没有建立起君主的威严和不可挑战性,那么,这个国家灭亡的结局也就不再是传统意义上的悲剧了,而是一种逃不过的命运。

张瑞敏砸冰箱,一直以来是质量管理的经典案例。1984 年,张瑞敏那重重的一锤,砸出了海尔人的质量责任意识,砸醒了员工的主人翁意识。我们从管理的另一个角度来看,这把锤子还有另外一个巨大的作用,就是砸出了管理者的权威形象,"砸冰箱"事件最本质的思想是建立了控制与制度性的管理模式。

控制的类型多种多样,按控制点的位置不同,可以分为事前控制、事中控制和事后控制三类。无论是哪个环节的控制,都要注意"管"和"理"巧妙结合。

讲故事,说管理

扁鹊的医术

魏文王问名医扁鹊说:"你们家兄弟三人,都精于医术,到底哪一位最好呢?"

扁鹊答:"长兄最好,中兄次之,我最差。"

文王再问:"那么为什么你最出名呢?"

扁鹊答:"长兄治病,是治病于病情发作之前。由于一般人不知道他事先能铲除病因,所以他的名气无法传出去;中兄治病,是治病于病情初起时。一般人以为他只能治轻微的小病,所以他的名气只及本乡里。而我是治病于病情严重之时。一般人都看到我在经脉上穿针管放血、在皮肤上敷药等大手术,所以以为我的医术高明,名气因此响遍全国。"

所以,事后控制不如事中控制,事中控制不如事前控制,可惜大多数的事业经营者均未能体会到这一点,等到错误的决策造成了重大的损失才寻求弥补，往往是即使请来了名气很大的“空降兵”，结果也于事无补。

领导——“管理”的旗帜

领导和组织一样，也有名词的领导和动词的领导之分。

在我们的生活中，领导这个词变得越来越时髦了，实质上是“领导者”的代名词。然而，真正让这个词语变时髦的，不是他的西装革履，也不是闪亮发光的摩丝发型，而是其内在的气质与品质。首先，他能够时刻充满高度的自信，保持灿烂的笑容。无论出现什么情况，他都能运用丰富的经验，在第一时间想出最好的解决方案。其次，他能够时刻做到以身作则。只有比员工付出更多的努力和汗水，才有资格让员工来追随和崇拜。最重要的是，他能够带给员工激情与梦想，通过激励、有效沟通等手段，以人为本，营造氛围，让员工主动担负责任、投入精力，完成目标任务。

管理学更重视动词的“领导”。他是一个旗帜，在“引领”和“疏导”人们向着既定的目标奋进。

讲故事，说管理

幸岛短尾猴的故事

位于日本南部宫崎县的幸岛是短尾猴的故乡。日本科学家对幸岛短尾猴的研究已有半个世纪之久，研究过程中最著名的发现是猴子也会清洗红薯。科学家将这种行为看作非人类种群表现出的一种文化现象。

1952 年，日本京都大学的一位教授带着几名学生对短尾猴进行了观察研究，在研究的过程中，他们在沙土里种植了一些红薯，走的时候就把这些红薯留下了。后来，猴子发现了红薯，就将之作为食物。由于红薯上经常粘着一些沙子，比较硌牙。后来，有一只聪明的猴子发现，把红薯放到水里洗一下然后再吃，就不会磅牙了，于是它高兴地把这个发现告诉了身边的小猴子，这些猴子也开始用水洗红薯吃。再后来，这些猴子又把这个秘密告诉了其他的猴子，甚至告诉了其他岛上的猴子。于是，一天，一个令人震撼的场景出现了，在皎洁的月光下，100多只猴子排着队在水里洗红薯，就像预示着一个新纪元的出现。

从这个故事里，我们可以明白一个道理，领导者的带动效应是相当强大的！当企业的领导者兢兢业业地为企业做实事时，自然会被下面的小员工看在眼里，并且进行效仿。而当一位领导者一天到晚不务正业、灯红酒绿，企业里就永远无法形成良好的氛围。如果没有高层领导的支持、推动和以身作则，政策便很难推行，因为一种思想和组织行为，领导必须起到带头作用！

监听——“管理”的反馈

想必很多人都还记得自己高中时度过的一段艰苦岁月。在自习课时，大家都在“刷刷刷”地奋笔疾书。然而，从小就养成上课总喜欢小声说话坏毛病的女同学，看到化学就头疼，于是总控制不住思维的活跃，周围几个人凑着脑袋津津有味地讨论上一期“快乐大本营”的嘉宾。很多时候，却都会不幸地被从窗口瞟过的班主任那犀利的眼神射伤双眼。这种躲在窗边监听的行为，也许是高中某班主任最具有代表性的动作！我想这大概也是几千年来教师一族们流传下来的传统行为。

企业的管理者同样需要在很多场合扮演监听者的角色。譬如，管理者可以选择微服私访的方式深入基层。当忙完了一天劳累的工作，管理者可以主动邀请员工去吃大餐。在一个舒适的环境里，员工身心得到了最大的放松和满足。大家会在那里尽情地讲述发生在自己身边有趣的故事，滔滔不绝地吐槽某些人、某些事，偶尔也会涉及公司企业和上司老板等一系列敏感的话题。在跟大家温馨的交流中，管理者可以慢慢摸清员工的心理反应。

又比如说，管理者也可以通过自己多年的管理经验，对身边员工的一举一动进行观察分析，从而解读和监听出员工一些表面上容易分析出的特点。

此外，管理者需要进行监听的对象还包括他们的"上帝"——顾客。未来优秀企业应该类似于"水"，"水无形而因器成形"，那么顾客就是"器"。只有及时监听到顾客需求变化，才能不断提供新产品，那么企业才能够得到持续发展。

每一位管理者都需要扮演监听者的角色。在监听的过程中，可以学会很多，包括对待员工的态度，自己领导过程中待人处事的方式。只有管理者掌握好了监听的本质，才能更加有效地促进企业的发展。

驾驭——"管理"的凝聚

管理者的驾驭能力会直接影响到一个企业和团队的氛围。不同的管理者会形成不同的组织氛围，或沉闷、懒散、低效率，或活跃、明晰、凝聚，或士气低落、消极，或精神抖擞、积极向上，而一个企业的总体氛围又会直接影响绩效和目标的实现。

那么管理者该如何进行驾驭呢？

首先，从整体上来看，管理者应充分尊重企业员工，将其视为自己的合作伙伴，而不要对其颐指气使、疾言厉色、呼来唤去。常言道，士为知己者死，只要管理者放下架子，懂得关心、体贴员工，与其建立和谐融洽的关系，他们往往会迸发出强大的工作激情和创造力。

其次，将视野缩小一些，将眼光集中在企业里的优秀人才。中国有句古话：好马往往是烈马。讲的就是奴才听话没本事，人才有本事难驾

驭。对于人才,要及时肯定他们做出的成绩。精英们大都自我感觉良好,他们愿意以自己的能耐为公司出力,从而来表现自己。因此,管理者要让他们感到你是那种认同"能者居其上"的领导。对待他们不能过于死板,过于公式化。对他们做出的成绩,即便是一丝一毫也要及时给予肯定与褒赏,这样他们才会体会到上司对他们的重视与信赖,从而忠诚于公司,忠诚于领导者。

最后,管理者还要成为一个开拓机会、捕捉机会,进而成为发掘机会潜能、高效运用机会、驾驭机会的高手。提高机会的利用率,善于将机会发挥到最大值,实现运用机会的最佳化,从而迈向成功!在成功道路的跋涉中,管理者必须对自己投入的时间和精力进行"成本核算"。有时,失去一次机会,有可能导致你失去几个月、几年的时间,甚至失去生命。一次机会丧失,酿成千古遗恨的事是常有的。因此,务必重视机会的效益,让投入的精力得到应有的回报。

管理在生活里诞生,对于企业的经营和发展更有着极其重要的作用。我们在领悟了管理的精髓内涵以后,可以通过扮演领导、监听的角色,精细"管"、强化"理",确保驾驭,形成管理的核心体系,逐渐走向成功。

二、何谓科学管理

1888 年,查尔斯·罗伯特·达尔文(Charles Robert Darwin)曾给科学下过一个定义:"科学就是整理事实,从中发现规律,做出结论。"有人把科学和管理比作推动社会进步的两个轮子。科学通过发现规律而提高了效率,使历史的车轮转动得更快,管理则可以决定历史车轮转动的方向。当把这两个轮子组合在一起,成为科学管理的时候,社会就可以明确地朝着目标飞速前进。

作为“科学管理之父”,弗雷德里克·温斯洛·泰勒(Frederick Winslow Taylor)潜心研究最高效的管理方法。他努力进行各项试验,努力把当时科学技术的最新成就应用于生产和管理,以便大幅度地提高劳动生产率。泰勒的理论和实践,对于当时企业管理从单凭经验走向科学化的道路来说是一场革命。他所推行的一套制度和方法被称为“泰勒制”。

(一)搬铁块、试切削、练砌墙——科学管理的萌生

说到科学管理,必须回顾泰勒的三大实验。

搬铁块。泰勒就是从伯利恒钢铁公司货场里,开始他的搬铁块试验的。他研究从车上或地上把生铁搬起来需要几秒钟;带着所搬的铁块在平地上每走一英尺需要多长时间;带着所搬的铁块沿着跳板走向车厢每步需要多长时间;把生铁扔下需要几秒或放在堆上需要几秒钟;空手回到原来的地方每走一英尺需要多少长时间。

经过仔细研究,他发现,采用科学的方法对工人进行训练,并把劳动的时间与休息的时间很好地搭配起来,工人可以将每天的工作量提高很多,而且负重搬运的时间只占总工时 42%,工人也不感到太疲劳。而同时采用刺激性的计件工资制,工人每天在达到标准工作量后,工资也比之前增加了不少。

泰勒的实验获得了巨大的成功,其中最重要的是他提出了一套科学的管理制度。首先,他通过长期的观察研究,制定了科学的工艺流程,并在工人间推广。其次,他对工人进行了科学的选择、培训和提高,这在很大程度上提高了工人的职业素养。此外,当工人进入企业进行工作时,

他又向工人教授了科学的操作方法,以便合理利用工时,提高工效。所有的这些,都是他在实践中摸索出来的经验,而这也为我们这个时代的企业提供了很多有用的参考建议。

试切削。泰勒在美国米德瓦尔钢铁厂工作期间,感到企业管理当局不懂用科学方法来进行管理,不懂工作程序、劳动节奏和疲劳因素对劳动生产率的影响。而工人则缺少训练,没有正确的操作方法和适用工具,这都大大影响了劳动生产率的提高。为了改进管理,他在米德瓦尔钢铁厂进行了各种实验。其中,他在 1881 年进行了两项"金属切削试验",该试验延续了 26 年之久,进行各项试验达 3 万次以上,80 万磅的钢铁被试验用的工具切削成屑,总共耗费约 15 万美元。试验发现了能大大提高金属切削机工产量的高速工具钢,并取得了各种机床适当的转速和进刀量,以及切削用量标准等资料,研究出每个金属切削工人工作日的合适工作量,并给工人制定了一套工作量标准。

金属切削试验为他的科学管理思想奠定了坚实的基础,使管理成了一门真正的科学,这对以后管理学理论的成熟和发展起到了非常大的推动作用。

26 年的付出,让科学管理的地位变得更加不可动摇。科学管理的根本目的是谋求最高工作效率,而为了达到这个目标,最重要的是用科学的管理方法代替旧的经验管理。所以,提高劳动生产效率是泰勒创立科学管理理论的基本出发点,是泰勒确定科学管理的原理、方法的基础。

练砌墙。实施科学管理有一个核心问题:要求管理人员和工人双方在精神上和思想上来一个彻底变革。泰勒要求工厂的工人树立对工作、对同伴、对雇主负责的观念;同时也要求领工、监工、企业主、董事会改变对同事、对工人以及对一切日常问题的态度,增强责任观念。这种重大的精神变革,使得管理人员和工人双方都把注意力从盈利的分配转到盈利的数量上来。一个成功的管理者,最大的成功不在于哪一年企业盈利最多,而是成功打造出优秀的员工,使员工的思想发生质的变化。如果管理者让企业里的每一位员工的思想都能够集中在一起,拧成一股绳,那么企业在商业的战场上,就拥有了一个最强大的武器。他们在商业竞争中将占绝对优势。

(二)量体裁衣、对症下药——科学管理的要核

第一,量体裁衣、对症下药要了解管理的环境。

从宏观的角度来看,环境可以分为自然环境和社会环境。我们一直生活的地球环境,是一种最基本的自然环境。对一个人来说,社会环境更加具有复杂性、变动性和交叉性,他的一生一般都会经历家庭社会、校园社会、工作社会这三种不同的环境。

一个人最先接触到的往往是家庭社会。人们都说,父母是孩子的第一任教师,因此父母理应为孩子创造一个温馨的成长环境。假如父母在家总是意见不合、吵吵闹闹,那么留在孩子心中的便是黑暗嘈杂的负面环境,他很有可能从小就滋生出一种叛逆和暴力的情绪。相反,倘若一个家庭美满幸福,一打开家门就弥漫着尊老爱幼的传统美德,那么无论是老人还是小孩都能在家里享受到无限的乐趣。在这种环境下长大的小孩,就能比一般的同龄人更懂得礼仪之道,他们更懂得宽容他人、体谅他人。

在校园社会里,需要的是一种积极向上和热爱学习的环境。这会尽可能让每一位学生都感受到学习的价值。他们不仅能在这里结交良师挚友,锻炼自己的人际交往能力,而且可以充分沉浸在自己追梦的海洋

里,学会自主学习,学会深入探索。

至于工作社会,企业需要努力打造的是高效、团结和归属感强的环境氛围。每天清晨,员工一踏进企业,首先面对的都是带着充满随和亲近笑容的同事,自己的心情就马上晴空万里。于是,就能以最饱满的姿态开始一段全新的工作。在员工最疲惫的时候,送上一杯浓浓的绿茶,困意就会马上烟消云散,取代的是极大的工作热情。这一切,表面上看是仅仅为员工送福利,事实上,是一种最佳的工作环境。这像是一只无形的手,在推动企业的业绩,在给企业未来的发展做铺垫!

环境是一种无形的资产,它可以投资在任何个体或者企业集团上。只有把这种资产充分利用起来,才能帮助个人或者企业赢在起跑线上。

第二,量体裁衣、对症下药要掌握任务的定额。

非洲有个部落,婴儿一出生就"获得"了 60 岁的生命。从 60 岁开始算起,随着婴儿长大,以后逐年递减直到 0 岁。人生大事都得在这 60 年里完成,以后的岁月就拜天所赐、颐养天年了。这就好比人一出生就从上帝那里借了一笔贷款,然后必须一笔一笔地还回去,过一年还一岁,一直到生命终止。这个部族是有大智慧的,因为他们为每个人都定额了有限的生命和时间。试想,面对定额的生命期限,又有谁能够无动于衷呢?

定额能给人一种危机感和紧迫感。定额就像是一条皮鞭,鞭策着每一个人都不得不为自己制定最行之有效的计划,在有限的时间里,达到最终的理想。

相同的道理,一家企业如果想要获得巨大的利润,必须要对员工进行劳动定额、时间定额管理。而企业管理者要制定出有科学依据的"合理日工作量",就必须通过各种试验和测量,进行劳动动作研究和工作量研究。其方法是选择合适且技术熟练的工人;研究这些人在工作中使用的基本操作或动作的精确序列，以及每个人所使用的工具；用秒表记录每一基本动作所需时间，加上必要的休息时间和延误时间，找出做每一步工作的最快方法；消除所有错误动作、缓慢动作和无效动作；将最快最好的动作和最佳工具组合在一起，成为一个序列，从而确定工人的“合理日工作量”，即劳动定额。

在这样的基础上，工人有了奋斗的目标，管理者也能够根据工人们的达标和超标情况进行嘉奖和鼓励，从而更促进工人的工作积极性。如果每一位员工都能以百分百的精力投入工作，那么企业的业绩就自然会突飞猛进！

第三，量体裁衣、对症下药要明晰承担的任务。

生命就像一粒种子，藏在生活的深处，在黑土层和人类胶泥的混合物中。在那里，多少世代都留下他们的残骸。一个伟大的人生，任务就在于把生命从泥土中分离出来，这样的生活需要整整一辈子。

是的，人从呱呱坠地开始就在执行一项一项任务。从婴儿时期的学会行走到幼儿时期的学会独立穿衣服，从中学时代的认真上课到大学时代独立学习，从为班级在运动会上努力拼搏到为自己未来人生添砖加瓦。一旦有了明确的任务，人们就会给自己设定一个可行的目标。

对于企业来说，任务是员工前进的动力。当然，同一项任务，对于不同的人来说，最后达到的效果是不一样的。给合适的员工最合适的任务，这是发挥员工最大效益的方式！

第四，量体裁衣、对症下药要确立工作的标准。

拿破仑最引以为傲的不是他的赫赫战功，而是他主导制定的《法国民法典》；秦始皇的伟大成就也不在于修筑了万里长城，而是统一了中国的度量衡。源远流长的标准化为人类文明的发展提供了重要的技术保障。

在经济全球化的当今，标准化水平已成为各国综合国力核心竞争力的基本要素。一个企业，乃至一个国家，要在激烈的国际竞争中立于不败之地，必须深刻认识标准对国民经济与社会发展的重要意义。现在很多企业走的是国际化路线，主要产品都是出口到国外，那么该企业不得不与国际上的产品进行对接。譬如，德国汽车的生产需要很多零部件，而这些零部件往往是分配到发展中国家制造，如果没有统一的标准，那么生产出来的产品都只是一堆废铁，根本无法找到它们的“归属地”。

再从企业的角度出发，标准化有利于实现科学管理和提高管理效率。例如，海尔集团在引进国际先进设备和先进管理经验的同时，严格按标准化要求生产，每道工序生产零件都严格按标准规范和检验，不符合标准的不组装，产品达不到标准的不出厂。由于自觉严格技术标准，其产品有良好的声誉，在国内外市场保持了经久不衰的畅销势头。企业通过贯彻标准还能揭示出产品质量的差距，使企业及时采取措施，消除影响产品质量的因素，促进产品质量的不断提高。

事实说明，标准化是促进企业现代化管理的技术手段。总之，标准化寓于质量效益之中，抓质量必须抓标准化。

(三)深入调查研究——科学管理的途径

实现科学管理的方法只有一个，就是深入调查研究。只有彻底摸清被管理对象的内在实质情况，才能设置与此对应的科学管理方法，就像裁缝做衣，只有把人的体形量准了，才能做出合身的衣服。

科学管理的不变性。不管管理的方法和方式千变万化，但万变不离其宗，科学管理的原理不变。就像水的形状千姿百态，但水往低处流的原理始终不会变。

科学管理的简易性。只要是科学的管理它一定是简单明了的,因为科学的管理能把复杂的问题简单化,不科学的管理会把简单的问题复杂化。真传一句话,假传万卷书。“大道至简”就是这个道理。

科学管理,其要核是对症下药、量体裁衣。采用你所能采用的一切手段和方法,调动起来,并调节到最佳运动状态,以最小的投入产出最好的效益。

三、何谓现代化管理

现代化管理的基础是现代管理学说。现代管理学说的应用使经济管理活动达到当今世界现代化发展的水平。也就是基于现代管理理论,同时应用系统论、控制论和信息论等现代管理技术和方法,建立符合组织现代化大生产的管理体制和管理组织,从而获得最佳的经济效益。为实现现代化管理,还必须了解现代管理的各种学说。

(一)霍桑实验、人际学说、激励理论——现代管理的兴起

从普通管理到科学管理最后演变为最前沿、最先进的现代化管理,这是一个漫长的过程。

霍桑试验对古典管理理论进行了大胆突破,第一次把管理研究的重点从工作过程中物的因素转到人的因素上来,不仅在理论上对古典管理理论做了修正和补充,开辟了管理研究的新理论,还为现代行为科学的发展奠定了基础,对管理实践产生了深远的影响。

通过工厂照明实验、继电器装配室试验、谈话研究和观察研究,梅奥认识到,人们的生产效率不仅受到生理、物质等因素的影响,更要受到社会环境、心理等方面的影响。这是相对于只重视物质条件,忽视社会环境和心理因素的"科学管理"的一种突破。

从霍桑实验中,管理者可以得到很多感悟。譬如,人才是企业发展的动力。每个人都具有无限的创造力。每个人的能力都是潜在的,并且是无限的。但是人的创造性是有条件的,是以其能动性为前提的。硬性而机械式的管理,只能抹杀其才能。"只有满意的员工才是有生产力的员工",富有生产力的员工才是企业真正的人才,才是企业发展的动力之源。因此,企业的管理者既要做到令股东满意、顾客满意,更要做到令员工满意。管理者要不定时地聆听员工的心声,真真切切地忧员工之所忧,努力解除所有员工的后顾之忧。

又譬如,那种高谈阔论,教训下属,以自我为中心的领导方式已不适用了。早在霍桑访谈试验中,梅奥已注意到,亲善的沟通方式不仅可以了解到员工的需求,更可以改善上下级之间的关系,从而使员工更加自愿地努力工作。倾听是一种有效的沟通方式,具有成熟智慧的管理者会认为倾听别人的意见比表现自己渊博的知识更重要。采用"与人为善"的管理方式,不仅有助于营造和谐的工作气氛,而且可以提高员工的满意度,使其能继续坚持不懈地为实现企业目标而努力。

人的价值是无法估量的,人是社会上最宝贵的资源,是生产力中最耀眼的明珠。只有最大限度地开发人力资源,才能真正挖掘到成功的矿藏!

霍桑实验的研究产生了人际学说。霍桑试验的研究结果否定了传统管理理论对于人的假设,表明了工人不是被动的、孤立的个体,他们的行为不仅仅受工资的刺激，影响生产效率的最重要因素不是待遇和工作条件，而是工作中的人际关系。因此，员工是“社会人”而不仅仅是“经济人”。另外，由于在共同的工作中，人们必然会建立起一定程度上的相同归属感，人们会在无意识中形成一个“非正式组织”。在这个组织中，人们是以感情逻辑作为行为准则的。人们为了一个共同的利益，会彼此搀扶，相互帮助。除了上述的两个方面以外，还需要提高员工的满足度，包括是否被上司、同事和社会承认，这将在很大程度上直接影响员工的积极性和主动性，也将直接影响生产效率的高低。

事实上，这种管理思想可以运用到我们实际生活中的三个方面：

一是要懂得劳逸结合。无论学习还是工作，劳逸结合是很重要的，它能使人事半功倍。如果为工作操劳过度，不仅仅影响身体的健康，也会使工作效率降低。长时间工作是为了更好地完成工作，结果却事与愿违，岂不是赔了夫人又折兵？

二是要鼓励员工建立好人际关系。在这个人脉四通八达的社会里，必须要打开自己的人际交往圈，我们需要把自己转变为自卖自夸的“王婆”，需要以自信的姿态将自己推销出去。以一颗真诚的心去对待他人，这样就能形成一个温馨的“非正式组织”。只要这样的“非正式组织”越来越多，整个社会就将变得更加和谐美好。

三是要充分尊重员工。需要把每个人无怨无悔地默默付出都看在眼里。对于表现出色者，及时给予物质和精神上的奖励。管理者需要在工作场合保持上级与下级的关系，用自己勤恳的工作态度以身作则，为所有员工做好学习的榜样。在工作场合以外，大家应该就像是朋友一样。在节假日，互相发短信送祝福；在生日那天，一起狂欢，等等。

如管理者充分考虑到这些人际关系学说，平常多聆听员工的心声，将会很好地改善员工的工作态度。

人际学说的延展形成了激励理论。看过美国电影《永不言弃》的人都知道,在一次橄榄球训练中,教练让队长蒙住眼睛背上一位相当重的队员,开始爬50码。当爬了20码的时候,他开始变得有点吃力;当爬到40码的时候,他满脸都是汗水;当爬过50码的时候,远处的队员们都开始呼喊;但是教练朝着110码的终点望去,仍然一直在他旁边鼓励加油,告诉他快要爬完"50码"了!在整个过程中,队长一直在喊累,一直在说自己快支持不下去了,但是教练却一直没有停止对他的激励。教练喊了48次"继续"、23次"别放弃"、15次"加油"、13次"对了就是这样"、3次"不要停"……一次次的激励,让原本连爬完50码都觉得不可能的人,最终爬过了整个球场(110码)。这就是真正意义上激励的力量!

不知道美国通用电气公司前首席执行官杰克·韦尔奇看没看过这部电影,他说的话恰恰与这部电影相吻合,他说:"优秀的领导者应像教练一样培养自己的员工,给人们提供机会去实现他们的梦想。"

在公司内,领导对员工的激励可以让各员工发挥其所长,为公司做出更好的贡献。目前,大多数学者认为:激励的目的是为了调动员工的积极性,激发员工的主动性和创造性,从而提高组织的效率和整个公司的效率。

激励有助于进一步激发员工的创造性和革新精神。例如,丰田汽车公司采用合理化建议奖的方法鼓励员工提建议。最后不管这些建议是否被接收,均会受到奖励和尊重。如果建议被采纳,并取得经济效益,那么将会受到重奖。结果该公司职工在1983年就提出165万条建设性建议,平均每人31条,为公司创造了900亿日元的利润!

企业的管理者需要给予每一位员工一种信念上的肯定,需要在企业中形成“人人是人才”的气氛,肯定员工的能力,增强员工的自信心,让他们形成良好的精神风貌,成为企业发展壮大的主力军,消除员工的惰性,激发员工最大的潜能,完成企业的优秀人才储备。激励是创造财富的间接方式。

(二)系统管理、权变学说、决策理论——现代管理学派的争鸣

系统管理。住在偌大的大学城里,不再像中学那样有固定的座位和固定的教室,班主任也不再常常出没在讲台前面,给大家讲一些学校日常通知和事项。大学里,失去了叫“班级”的名词。因此,所有通知的重任都落在了手机身上。然而,手机不是万能的。在手机里,看不到大学以来自己的成绩情况,看不到各门课程的进度,看不到班费的使用情况……

于是有人提出建议,大学特别需要做好班级管理的工作,并坚信“班级系统管理”这个词语将成为网络热词!如果每个大学班级有了以计算机为基础的系统管理,那么同学们的生活将会变得十分便捷,大家的信息交流也会变顺畅很多。譬如,大家可以通过班级系统管理,看到自己每个星期饭卡的使用情况,当饭卡余额不到10元的时候,系统会自动提醒充值。再譬如,通过每个班的信息交流,可以向其他班级的同学租借课本或者自行车等。充满人性化的“班级系统管理”构想,能够为众多大学生提供最方便的帮助,其产生的效益是无限的!

再举个身边的例子,现在大家去超市的频率变得越来越高,超市的人流量也比以往增加了不少。为此,超市每天需要处理大量的库存信息,还要时刻更新产品的销售信息,不断添加琳琅满目的商品信息。面对不同种类的信息,需要合理的数据库结构来保存数据信息,需要有效的程序结构支持各种数据操作的执行。在欧美一些发达国家,很多产品

甚至早已开始商店自动化销售。它最主要的特点是能够实时地和准确地控制店内的销售情况。运用系统管理,能够实时掌握销售流程及销售情况,从而有效地加速商品的周转并提高服务质量,并且可以减少产品价物不符等所产生的问题。

目前,超市管理系统是市场上最流行的常用系统之一,它主要包含以下几个模块:系统权限设定、原始数据录入、数据汇总及查询等。利用该系统可以实现对进货、销售及员工信息等全面、动态、及时的管理。

企业更是如此。随着IT技术的飞速发展,企业面临的竞争环境发生了根本性变化,如顾客需求瞬息万变、技术创新不断加速、竞争日趋激烈……在这种严峻的形势下,企业管理必须转变,从粗放型经营向成本控制转变,从部门管理向企业级协同管理转变。加快建立行之有效的企业系统管理,包括收集要求、购买设备和软件、将其分发到需要使用的地方,配置使用和更新维护,设置问题处理流程,以及判断是否满足目的。

企业需要分析过去的运营情况并针对当下情况做出及时调整,在此基础上,对企业未来的发展提供富有远见的建设性规划。企业需要做好与市场信息的交流沟通工作,及时收集消费者们的意见,最大可能地保障和满足顾客的要求,做到最好的服务工作。

企业根据管理系统提供的信息,进行科技创新。只有不断地进行创造,企业才能拥有绝对的竞争优势,并在最及时的契机中,取得最大的胜利!

权变学说。从表面上看起来,"权变学说"是一个很陌生的名字,但事实上,在我们的现实生活中,每个人都懂得其真正含义。

譬如,在奥运会的乒乓球赛上,我们中国之所以连连取得骄人的成绩,不仅离不开奥运健儿们平常的付出,战术问题也占了相当大的比重。

中国队提出的“强进攻、强相持、强转换”的技战术理念代表了目前乒乓球技术发展的一种趋势,尤其是“强转换”这几个字,是奥运选手根据作战对手所分析出来的法宝。比如,张继科就对“权变学说”进行了实践上的解释。他打球比较灵活,对节奏的把握能力比较好,进攻的手段多变。有时候,他采取反手台内拧,这可以将台内的短球拉过去,威力巨大,有时直接得分,有时可以创造出得分机会。有时候张继科又采用强大的正手攻击,虽然他的正手速度与力量并不是最大的。他的主要优点在于相持中的变化,这种变化体现在力量、速度以及旋转的变化上。各种权变理论在他的乒乓球赛场上,表现得淋漓尽致。

相同的道理,一名高明的领导者应是一个善变的人,他能根据环境的不同而及时变换自己的领导方式。权变理论告诉管理者应不断地调整自己,使自己不失时机地适应外界的变化,或把自己放到一个适应自己的环境中。如果当年外界环境不佳,这自然会影响企业的利润收入。这时候,管理者要做的不是夜以继日地逼迫员工进行生产,而是把所有员工的心都集中到一起,所有人共渡难关。当企业的运营形势不错的时候,管理者要做的更多的是鼓励员工进行产业创新,以创新的产品去赢得战略上的优势,从而有利于企业的可持续发展。

总结而言,权变理论的中心思想是:

第一,企业组织是社会大系统中的一个开放型的子系统,受环境的影响。因此,必须根据企业组织在社会大系统中的处境和作用,采取相应的组织管理措施,从而保持对环境的最佳适应。

第二,组织的活动是在不断变动的条件下以反馈形式趋向组织目标的过程。因此,必须根据组织的近远期目标以及当时的条件,采取依势而行的管理方式。

第三,管理的功效体现在管理活动和组织的各要素相互作用的过程中。因此,必须根据组织的各要素的关系类型及各要素与管理活动之间相互作用时的一定函数关系来确定不同的管理方式。

决策理论。决策是普遍存在的,是人类思维活动的一部分。人们往往在生活中自然而然地做出决策,却并没有意识到决策是需要讲究科学性的。当可口可乐的决策者决定改换老可乐的配方时,可口可乐差点就遭遇灭顶之灾,幸亏决策者及时认识到了错误。所以,并不是所有决策都是有效的,很多决策常常会由于一时的疏忽,酿成“一失足成千古恨”的结局。

相信很多人都经历过文理分科。对于文理科成绩相仿的同学而言,这应该算是他们人生中最纠结和艰难的决定。如果选择文科,意味着将要每天清晨就开始叽里呱啦地背一本厚厚的政治书或者历史书,关键是背了以后不一定会记住。而且,高中付出那么多,以后的高考志愿填报大学和专业的范围却是十分有限的,就业风险相对比较大。如果选择理科,那么在接下来的高中生涯中,需要经历一次次的数字轰炸。无论是物理还是化学,有时候都会把人逼得快要抓狂。然而,理科生还时时刻刻都需要保持一个清醒的头脑,稀里糊涂的精神状态只能将他们推入火海。综上所述,他们需要做出人生中最为谨慎的决策。

高中生是如此,企业管理者更需要拥有强大的决策能力,这是管理者的重要能力之一,甚至可以说没有决策能力的人,是不适合担任管理者的。

为了进行有效决策,管理者需要根据各种可供选择的方案进行独立判断。当然,这不是说管理者可以自以为是地进行决策,而不考虑他人的看法和建议。相反,管理者要接收来自各方群众的各种意见,站在大局的立场上，逐一对所有的建议进行删选，然后在权衡各种利弊以后，做出最恰当的决策。

决策是管理者必须掌握的一项技能，决策的有效性决定企业的成败。

讲故事，说管理

林肯独断

美国总统林肯，在他上任后不久，有一次将六个幕僚召集在一起开会。林肯提出了一个重要法案，而幕僚们的看法并不统一，于是七个人便激烈地争论起来。林肯在仔细听取其他六个人的意见后，仍感到自己是正确的。在最后决策的时候，六个幕僚一致反对林肯的意见，但林肯仍固执己见，他说："虽然只有我一个人赞成但我仍要宣布，这个法案通过了。"

表面上看，林肯这种忽视多数人意见的做法似乎过于独断专行。其实，林肯已经仔细地了解了其他六个人的看法并经过深思熟虑，认定自己的方案最为合理。而其他六个人持反对意见，只是一个条件反射，有的人甚至是人云亦云，根本就没有认真考虑过这个方案。既然如此，自然应该力排众议、坚持己见。因为，所谓讨论，无非就是从各种不同的意见中选择出一个最合理的。既然自己是对的，那还有什么可犹豫的呢？

管理者面对嘈杂的外界，需要有一片属于自己的静谧归宿。在做决策的时候，需要考虑他人的建议，因为无论管理者有多么丰富的知识和经验，他也不可能考虑到所有问题。但是最重要的是，管理者需要汲取所有建议的精华部分，加上自己的独特思想，融合成为一个最优决策方案！

(三)平衡、借力、价值理念——现代管理的重心

平衡——企业管理稳步推进的基础

企业管理贵在平衡。包括生产与经营的平衡,创新与维持的平衡,核心利益与整体发展的平衡,等等。

创新是一个企业生存和发展的灵魂,创新可以使人力和物质资源拥有新的、更大的财富创造能力,是企业实现核心利益目标最重要的保证!换句话说,创新是一种潜在的无限量的财富和利益,是企业的核心竞争力!

对于竞争者来说,核心竞争力既无法完全模仿,更无法完全交易,因此,它有助于整个企业保持长期稳定的竞争优势,获得稳定的超额利润。如夏普公司的液晶显示技术,使其可以在笔记本计算机、袖珍计算器、大屏幕电视显像技术等多个领域都比较容易获得一席之地。再比方说,美国的金门大桥以建筑奇伟、气势恢宏而著称于世。在金门大桥附近有一座刻意模仿它而建造的大桥——弯曲大桥,除外观外,其宽度、实用价值等均胜于金门大桥,但知名度却远逊于金门大桥。原因何在?金门大桥经过设计师长期思考酝酿才设计建成,具有独特风格,是创新的桥;而弯曲大桥只不过是金门大桥的翻版,是模仿的桥。它们的造型相似,内涵却大有区别,因为模仿仅是停留在浅层次的思维活动,而创新则是更高层次的思维活动,所以它更高级,更被人们重视。所以,创新才是企业财富的巨大源泉,能带给企业巨大利润。

而在企业创新方面,微软公司就是成功的典范。为了壮大市场规模,开拓新产品,预防公司退化,比尔·盖茨推动公司一直向前走,使该公司拥有创造似乎无止境的系列产品和利用大规模市场的能力。微软

公司每年凭借着一系列的创新专利,就获得了雄厚的资金。为了达到更多的核心利益,比尔·盖茨及其人才群体在各方面都进行了创新,包括内部组织结构的调整和创新,适应市场需求开发产品的创新,运用人才的创新,等等。正因为如此,创新成为微软公司生存和发展的内在动力与活力!

借力——企业管理跨越发展的关键

成功的管理在于善于借力。外部的联盟与内部凝聚均是借力的途径。

处于经济全球化的21世纪,如果一家企业想要仅仅依靠自己的力量而鹤立鸡群,在国际市场上拥有一席之地,看起来是一个遥不可及的梦。

从中国加入WTO的那一刻起,所有企业就已经被卷入了一场国际拔河比赛。面对强大的对手,不可能再回到闭门造车的远古时代。想要在这样的环境中生存下去,就必须打开企业的大门,走出去,与世界各国的优秀大公司集团进行交流合作。当拥有了越来越多的"战友",蓄足了巨大力量后,企业间就可以开始通力合作,根据制定好的战略实施,进行一场没有硝烟的战役。只有凝聚所有的力量,才能一次性将对手制服。

战略联盟是一项复杂的工程,寻找合适的战略合作伙伴尤其显得重要。就像刚上小学结交朋友一样,回家时父母总是很关心我们结交了哪些朋友。对于刚刚进入国际组织不久的国企来说,如果一不小心选了信誉程度不佳的战略合作伙伴,很有可能会导致企业亏损甚至破产。所以,一个合适的联盟伙伴的基本条件是:能够带来企业所渴望的技术、技能、风险分担和进入新市场的机会等优势。另外,文化上相容、相似的企业比有较大文化差异的企业更适合成为其合作伙伴。

建立了战略合作伙伴以后,就能带来很大的优势与好处。如果企业想要不断开发新技术、新产品,可以通过联盟公司共同出资在世界范围内建立新产品开发中心,共同分担研发经费。这样双方都从中受益,既节约了巨额的研发成本,又能增加市场竞争力。例如,三星电子公司与世界著名门户网站 Yahoo 结成战略联盟,以整合三星在硬件技术与 Yahoo 在软件技术方面的优势,共同制定有关 Internet 解决方案产品的全球开发及市场计划。三星电子与 Yahoo 共同开发了可直接进入 Yahoo 站点的"Internet 解决方案产品",这些产品包括三星已有的网络电话和 Internet 移动电话。在此合作中,三星负责所需要的硬件的开发,Yahoo 则提供相应的互联网解决方案。

战略联盟是当前世界经济一体化局势下出现的产物,它将在企业发展道路上发挥越来越重要的作用!

价值理念——企业管理转型升级的保障

价值理念的形成和传播需要文化浸淫。试想一下,当你踏进一家企业,呈现在你眼前的是干净得闪闪发光的地板,安静舒适的工作环境,工作伙伴们轻松礼貌的问候,我想你的眼睛就立马被收买了。再接着走进去,看到每间办公室都有正式标志,有属于员工们的专门餐厅和下午茶场所,我想你的心就开始变得蠢蠢欲动了。再接着了解,所有人之间分享的邮件都具有注意计划、程序和正式的特点,并且最后都不忘添加一个憨厚的笑脸。我想你会恨不得立马躺在这家企业,久久不想离开。

这就是企业对外来者的文化浸淫。这是一种无形力量,具有导向功能、约束功能、凝聚功能、激励功能和辐射功能。

首先,企业文化对于所有员工来说,具有很好的导向效果。这种导向通过各种细小的事项来逐渐引导员工的行为心理,使他们在潜移默化中接受共同的价值文化观念,自觉地把企业的目标作为自己逐渐追求的目标。

讲故事,说管理

理念决定高度

有一智者经过一个建筑工地,问那里的石匠们在干什么。三个石匠有三个不同的回答。

第一个石匠回答:“我在做养家糊口的事,混口饭吃。”

第二个石匠回答:“我在建设一座高楼。”

第三个石匠回答:“我正在建造一座城池。”

若干年后,智者公布了他跟踪调查的结果。说“混口饭吃”的石匠仍在砌墙,“建设高楼”的石匠已经成了总经理,“建设城池”的那位石匠已经成了某城市的城建干部。

思想有多远,就能走多远。在同一条起跑线上,态度决定一切;用美好的心情感触生活!你手头的小工作其实正是大事业的开始,能否意识到这一点意味着你能否做成一项大事业。如果都像第一个人,愁苦地面对自己的工作,那么再好的工作也不会有什么成效;而同样平凡的工作,一样的看似简单重复、枯燥乏味,有人却能以快乐的心情面对,在平凡中感知不平凡。

如果把企业里的员工都打造成第三种人的思想境界,那么该企业就绝对具备了核心竞争力。

当员工在一家文化非常浓厚的企业待久了,就会不由自主地被企业文化所软约束,这种软约束包括弥散的文化氛围、同事们的行为准则和道德规范。集体意识、共同的习俗和风尚等精神文化,可以造成强大的使个体行为从众的心理压力和动力,使所有成员产生一种心理共鸣,从而达到自我控制的效果。

而当员工都充分感受到了企业的优秀文化时,就会对所在的企业产生一种归属感和认同感。员工会感到个人的工作、学习、生活等任何方面都离不开这个企业,并且将该企业当作是自己的家一样。大家甚至可以达到与企业同呼吸共命运的境界。这就是文化浸淫的强大魅力。

除此以外,员工把企业文化当作自己骄傲的所在,会自然产生一种高昂发奋的情绪。因为积极向上的企业精神和文化传统本身,就是一把员工自我激励的标尺,通过它对照自己的行为,找出差距,从而产生改进工作的驱动力。

最后,企业文化是企业的灵魂,是企业活力的内在活力源泉,不仅会对本企业内部产生强大的效果,而且还会将亮丽的光芒辐射到社会上,在公众中树立良好的形象。例如,美国以“S”为标志的喜来登管理集团在全世界有 500 多家饭店,该集团“一切从小处着眼,对顾客服务无微不至”的企业文化精神辐射到全世界,留下了无价的美誉。

由此可见,文化浸淫是成功打造品牌企业的强大武器,它具有从内而外的杀伤力。

现代化管理是目前全体企业必须遵循的 21 世纪管理模式,企业需要采用最先进前沿的科技,吸取最优秀的人才,把握最新的市场动态,达到最人性化的管理方式,最后创造出最独特创新的成果!

四、科学管理与现代化管理辨析

关于科学管理与现代化管理的区别与联系,在上面两个问题的论述中，已给出了基本的回答。第一，科学管理和现代化管理不是一回事，我们平时经常讲要科学管理和现代化管理，如果没有把它们的概念分清楚，就不可能得到很好的应用。第二，世界上什么东西最好？适合自己的才是最好的。科学管理就是要制定一套最适合自己的方案，而不是盲目学习别人的最先进方法，而现代化管理则必须代表最前卫、最时代、最有趋向性的管理。

（一）科学管理是基础

1. 标准底线

任何事物都需要有一把公平的尺，来衡量与制定标准。尤其是当中国打开了国门，各企业开始迈开脚步走进国际市场，我们需要遵守统一的标准。当然，标准是有高低之分的，譬如在美国生产一块砖的克数规格都有统一标准，可想而知，美国各大企业的标准底线该是多高。而我国进入 WTO 时间不算太长，在标准质量方面与发达国家存在一定的差距。为此，我们有必要明确标准底线。有了标准底线，企业就有了参考的依据，就可以在此基础上不断提高。

在所有的标准底线中，人们最关心的往往是道德标准底线。事实上，道德没有白纸黑字的标准，更没有所谓的底线存在。道德底线应该存在于每个人心中，像一颗无形的种子，从出生的那刻起就播种在心田里。每个人都深深地懂得，企业家们的道德标准底线应该是不伤害消费者的利益。然而，恰恰是这种无形得让人摸不着的标准，让很多企业在无意中就触犯了底线，翻了一张游戏红牌！“三聚氰胺事件”虽然已经过去好几年，但是老百姓仍犹如惊弓之鸟，对国产乳制品缺乏信任。乳制品行业的对道德标准底线的恶意侵犯，为各种谣言孕育、传播提供了温床,严重打击了老百姓脆弱的信心。

凡此种种,不得不让人怀疑,企业连最基本的道德底线都被绑架了,那更谈何安全生产标准底线、质量标准底线、服务标准底线、保护环境标准底线……

相信所有的管理者都想要让企业走可持续发展道路,那么他们需要做的是解救被绑架的企业。在我国,制定一系列的企业标准底线迫在眉睫。

企业需要建立安全生产标准底线,保证所有员工的生命安全。譬如煤矿企业要定时仔细检查地下空气流通情况,真正做到让全体员工安心工作;需要建立诚信标准底线,打造良好的商业信誉,这样可以为企业赢得很多值得长期合作的商业伙伴,可以创造和把握机遇;需要建立质量标准底线,百年企业的唯一法宝就是“质量”两个字。优质品牌在商场上就像是一缕清新的空气,让人深深地赞叹;需要建立服务标准底线,再怎么繁忙,服务者都不能表现出厌恶烦躁的情绪,始终都要树立“顾客至上”的态度。当顾客不满意服务质量时,绝不能正面与消费者发生冲突,等等。

各种标准底线是企业得以正常行走的两条双腿,任何企业都不能为了快速奔跑而摒弃自己的双腿,进行截肢,装上所谓的“机器飞毛腿”。这样会狠狠地摔倒在地上!

2. 奖惩机制

一家真正出色的企业,具有十分严明的奖惩机制。当员工稍微进步一点点时,就能取得丰厚的奖励,而当员工不服从安排或者任务没有按时完成则会给予适当的惩罚。制定奖惩机制实际上就是探寻平衡点的位置,当企业的平衡点找到以后,就可以发挥无穷大的作用,可以让每一位员工都深深地扎根在企业的土壤中,并且融合到企业的精髓当中。一家企业一旦找到平衡点,建立好最佳奖惩机制,那么要是想要从该家企业挖一些人才出来,就好比是想把三岁的小孩从母亲身边拉开一样不可能!

从一般角度来看,奖励就是指工资奖金等物质上的犒劳。确实,当员工对公司的业绩做出一定的贡献的时候,很有必要给予他们物质上的满足。然而,物质上的奖励也是一门巨大的学问。如果,每次员工按时或者超额完成任务,都简单地奖励他们金钱,那么时间久了也会慢慢懈怠。管理者也需要考虑适当的精神满足。就像是在自己的生日派对上,朋友送红包和礼物给自己。一般来说,礼物再怎么简陋,代表的都是朋友的一片心意,自己都会好好地珍藏在家里。而送红包则不一样了,今年送 500 元,明年送 800 元,永远没有尽头。员工也是一样,他们要是能在节假日收到上司的一条祝福短信就会像吃了糖一样开心。自己生日的时候,老板亲自为自己送上一个大蛋糕比老板发钱更有意义,更能让自己感觉到亲切温馨的感觉。阳春三月,管理者带全体企业员工出去踏青,游山玩水,放松紧张的神经,这会使员工回到企业以后进行更加积极地工作……

当然,有奖励自然就有惩罚的存在。只奖不惩,在管理上是一种不完善的体质,这会减弱员工们的危机感。但是,惩罚只是一种辅助手段,适当的惩罚也是一种教育方式。就像是每一棵树移植以后都需要用铁丝进行固定一样,每一位员工也需要旁人指点和批评,及时改正不良作风和工作习惯,否则便会狂妄自大。当然,惩罚容易引起副作用,如不满情绪、丧失自信心和行为固化等,所以在惩罚的过程中,需要讲究一定的方法,要言行一致,从善出发。

相信奖惩机制会转化成所有员工最大的动力,帮助企业挖掘更优秀的人才,创造更巨大的财富!

讲故事,说管理

养牛之道

我们旅行到乡间,看到一位老农把喂牛的草料铲到一间小茅屋的屋檐上,不免感到奇怪,于是就问道:“老公公,你为什么不把喂牛的草放在地上,让它吃?”

老农说:“这种草草质不好,我要是放在地上它就不屑一顾;但是我放到让它勉强可够得着的屋檐上,它会努力去吃,直到把全部草料吃个精光。”

俗话说得好,授人以鱼不如授人以渔,授人以渔不如授人以欲。很多时候,奖励也需要有一定的讲究,一个头衔、一点奖励,哪怕官职再小、奖品再薄,都需要用一种激励的方式去奖励,这样就能让他们更有动力去获得奖励。

3. 效益目标

企业经营必须取得效益,如果没有效益可言,那么这家企业就不是以营利为目的的企业,而是一家公益企业。

2014 年初,全国各地都兴起了一场“快的打车”热潮,乘客只要用“快的打车”软件打车,就可以获得随机不等的补贴。这也就意味着,平日里舍不得打车的上班族们可以免费乘坐出租车上下班。有些人会觉得这是违背企业效益的做法,这将导致企业大笔金额的亏损。然而,阿里巴巴却认为这是最实惠的广告宣传方式。马云这样做的目的是在最短的时间内,做到最大的宣传,让更多的老百姓认识支付宝,从而去了解支付宝,最后将自己的积蓄都存进支付宝里。另外,从长远的眼光来看,可以发现这又与阿里巴巴即将开办的银行有很大的关系。当阿里巴巴用这笔钱进行人心的投资以后,可以产生一系列的后续福利。人们不再对支付宝感到陌生,不再过于担心它所存在安全的隐患。当人们把存款从其他银行拿出,转入支付宝时,就已经消除了与它之间的隔阂。

从实质上看,“快的打车”是一种实现效益目标的绝佳方式!

我们可以将这个例子拓展到其他企业,让所有员工认识到没有成果的效率是无价值的。管理者需要让企业里的每一位员工在思考每一件事的时候,都用长远的眼光来衡量,以效益为核心。

企业需要跟阿里巴巴一样,从三个方面来逐渐实现效益目标。

首先,需要拥有较好的市场地位,市场地位的上升或是下降是验证企业效益目标的一个重要标准。一旦市场上的地位稳固了,那么不再需要过多地打广告、做宣传。消费者就成了企业的代言人,他们会免费把产品推广出去。这样就打造了最完美的企业形象。

其次,资金流动率也是一项必不可少的指标。从表面上看起来,阿里巴巴是在烧钱,为广大消费者提供福利。事实上,它从 14 亿元外吸取了大笔宝贵的资金。它很聪明地用 14 亿元换来了丰富的投资项目,从而获取更多的效益。

最后一项是盈利能力。这是一项未来指标,不是从短期的观察就能得出的结论。为了完成最大效益目标,需要有长远的眼光,通过分析大量最新数据来考虑是否需要投资,并把每一笔资金都花在刀刃上。

(二)现代化管理是发展

1. 国际融合

从一开始的潺潺小溪到宽阔的河流,从狭小的池塘到无垠的湖泊,从浩荡的大川到最后雄阔壮观的汪洋大海……企业的发展历程就仿佛如此,由渺小的加工企业转变成出进口的一流国际企业。只要管理者运用科学的管理模式,企业就会变得生生不息,而且终将汇入茫茫国际潮流中。

处于全球化的今天,企业想要走可持续发展道路,就务必要打开封闭与禁锢的思维,进行深化改造。西方企业文化理论所倡导的以人为中心的思想已成为现代管理的核心理念,近些年在一些国际化企业中得到了广泛的传播和普遍的运用,是当今欧美成功公司人所共知的"秘密武器"。它适应了经济全球化的浪潮,特别是适应了文化经济一体化的历史趋向,有着强大的生命力,是现代企业在日趋激烈的国际和国内竞争中立于不败之地的法宝。

邓小平曾说过,社会主义要赢得与资本主义相比较的优势,就必须大胆吸收和借鉴人类社会创造的一切文明成果,吸收和借鉴当今世界各国包括资本主义发达国家的一切现代社会化生产规律的先进经营方式、管理方法。

就像一个无知天真的少年第一次出远门一样,中国企业刚走出国门时,免不了受外界强大势力的欺侮和轻视,也会因缺乏经验而碰到很多荆棘。但是,国企需要保持一颗谦逊的心,需要充分运用老祖宗教给我们的"拿来主义"精神,不断汲取世界各国先进的文化与管理方式,将企业文化融入更多的国际元素,取人之长补己之短,扬己之优抑人之劣,激浊扬清,互通有无。当然,中国企业也需要保持一种豁达的姿态,在吸收外界力量的同时，也需要抓住机遇，大力宣传中国文化与独特的管理技巧，让世界了解中国，认识中国。当中国企业与世界企业进行完美对接以后，就需要合作，需要互享信息资源，及时根据形势的变化做出相应的反应。同时，还需要有独立的竞争优势，大力提高自主创新能力，在日趋激烈的国际市场上站好脚跟。只有这样，中国企业才能以最美的姿势融入国际市场，为企业的发展创造更加和谐的局面。

2. 信息爆炸

人们常说，现在是一个信息大爆炸的时代。互联网的高速发展、迅速普及，让信息无处不在、无孔不入。我们无时无刻不在体验着信息时代的便捷。比如，老板派你去一个从未去到过的城市出差，当你走下火车的时候，你就已经晕头转向了，根本分不清东南西北。于是，你拿起手机地图，按下导航键就可以稳稳地找到目的地。再比如说，你想去医院看病，你无需很早起床排长队挂专家号，只需提前在网上预约，次日就可以直接方便地去取挂号单。平时想要写文章找文献，在短短几秒钟内，就可以在网上搜索到海量的文章任你参考。

借助互联网技术的发展，各种信息如同爆炸般席卷了整个地球村。从消费者的角度看，每天都能在手机、电脑、电视上看到大量宣传广告信息；从求业者的角度看，能从公交车站、泥水墙、街道路灯杆上发现无数招聘信息；那么，从企业角度看，借助信息爆炸的局面，需要广泛学习各方面的知识，提取其中的精粹，从而保存硬实力。

针对大爆炸的信息，企业管理者的眼睛也开始变得晕眩，常常挠着头皮却无从下手。那么在这个单靠一个人消化完全解决不了的时候，管理者就需要广纳贤才，把他们合理地分配到臃肿的组织机构当中去，用他们吸铁石般的才思去学习最先进的知识。这样，不同领域的知识人才,可以帮助企业积累各方面的技术,从而达到各个击破的效果。此外,管理者也不能再采用命令加控制的传统模式进行管理,相反,需要掌握对人才的有效管理方法,这样有助于企业对庞大信息的充分利用。

此外,信息爆炸对于企业来说也是一种难得的机遇,企业可以仔细推敲其内在深层含义,站在消费者的立场客观地分析问题。消费者面对琳琅满目的产品信息,如果不具备专业知识和能力,肯定会出现盲目消费的情况。为了夺取消费者们的眼球,企业首先需要想尽办法,把自身的产品极大地推广出去。此外,还需要赋予产品最人性化的服务效果,真切地让每一位顾客感受到企业内在的深刻文化。不在信息爆炸中顽强地生存下去,就会在这场战役中灭亡。

3. 文化多元

著名经济学家考克斯和布莱克认为,竞争优势来源于文化的多元化。

在这个色彩缤纷的时代,绝对缺少不了多元文化的身影。多元的文化就像是企业的一道亮丽风景线,能为企业注入无限的活力。而这恰恰是创造出市场上独一无二产品的重要推动力。独特的多元文化能够为企业带来开阔的市场,为企业获取资源,使企业具有创造性、系统灵活性等方面的竞争优势。

1896 年 4 月 6—15 日,第 1 届夏季奥运会在雅典隆重开幕。当时的参赛国只有美国、澳大利亚、丹麦、德国等 13 个国家,很多国家根本不知道奥运会为何物。而比赛项目也只有田径、游泳、举重、射击、自行车、网球、体操、击剑、古典式摔跤等 9 个大项。当时的奥运会与其说是专业能力的竞争,不如说是个人特长的展示。当时,这种小规模体育项目的比赛,没有做到很好的文化的交融与贯通,或者说,涉及的文化范围过于狭隘。对于绝大多数人而言，这只是为了比赛而比赛的体育项目，根本无法深到各国文化交流的层次。只有广泛地呼吁世界各国踊跃参加奥运比赛，鼓励来自全世界的奥运健儿积极进行交流，才能更好地达到举办奥运会的根本宗旨，才能使奥运会成为文化、科技、政治、经济全方位融合的舞台！

在一个企业里，当各个员工带着不同文化交流时，如果其中某个人的一种文化价值是其他员工身上的文化所不具备的，那么这种有用的文化价值就必然会被其他同事所汲取、融合、利用和发挥。如果在舒适的企业环境中，每个员工身上具有的优秀文化都自内而外地散发出来，那么企业原本单一的气氛就会被打破，时间久了以后，会逐步统合为一种企业独有的新型文化。这可以激发所有员工创新的思维，积极创造出专属于企业的特色产品。

在企业内部本身的多元文化的基础上，还需要与国际文化接轨。企业需要不断汲取国际先进企业优秀的管理模式，不断学习外企如鱼得水般的企业文化，再用“拿来主义”的传统方式，化外界知识为自身发展的强大动力。

因此，具有不同特点的文化，如果经过适当地协调、修正、改铸、整合，就能组成新的企业文化体系，具有新的内容、性质和功能，从而产生新的竞争优势，并能进一步促进企业的发展。这也是多元文化差异统合后表现出来的竞争优势。

（三）辩证思维是关键

1. 机器换人

没有噪音，没有异味，毫不混乱，宽敞整洁的车间内，10 条 70 多米长的生产线贯穿其中。每条生产线上有 6 名员工，他们通过人机对话，从磨洗加工、检测、清洗,到组装、成品打包,60多台设备、30多道工序自动完成……这是以科技提升企业生产力的真实写照。

当前我们所处的情形就像科幻片里讲述的外星人入侵地球那样,许多的大型企业大量引入了先进的高科技,成批成批的机器人大军逐渐成了企业里的主角。

针对目前招工难、用工贵的严峻形势,机器换人是化解这些问题的最管用办法。在短短几年里,人工费一直在以直线形式上升,这本身就让很多中小企业承受不住。然而,大量涌入社会的80后、90后,对于工作职业的要求都相对比较苛刻,一般不会去从事低薪和劳动量较大的工作。于是,就出现了“用人荒”的局面。而机器人及时的出现,恰好为企业解决了这个最头疼的问题。机器人不会像员工一样,需要花大量时间进行培训,也不会因为长时间的工作而出现懈怠和厌烦的情况,它们的“心情”是恒定的,这有利于保持产品质量的稳定,可以使流水线作业更加完善。用机器换人的模式,很好地解放了员工,使他们不用再为产品进行反复劳动。

然而,“机器换人”不是简单的替代,而是与生产流程优化、生产工艺改进、生产效率提升的有机结合,关键仍在于技术人才、设备研发、系统服务能力方面。因此,如果不能相应地提高职工素质,机器设备将没有专业人员进行操控,当机器出现故障的时候,也没有人对其进行及时的维修,很明显,这会限制其效益的发挥。因此,“机器换人”的战略要求一线员工必须尽快向知识型生产者转型。员工必须尽快升级,达到高于机器人的地位,最后实现对机器人的最佳掌控。

当机器与人的工作完成了完美的对接,那么对接留下的弧线就叫作“机器换人”。

2. 远程控制

从2012年的高考开始,为了减少考场监考人员的数目,减轻老师的压力和负担,最大限度地防止考场舞弊事件的发生,浙江省各大高中均开始实行监控监考制度。这是学校教育方面对于远程控制的运用。

每天傍晚时分,大都市都会上演一场美妙的魔术景象!街道两边的灯光都会自动亮起,公园里的喷泉都会伴随着五光十色的灯光演奏起动听的音乐……这一切奇幻的景色也都是远程控制的运用。

在平常的生活中,遥控器可谓运用灵活,我们走到客厅拿起它打开电视,进行节目的筛选;在炎炎夏日的午后,又翻出它,于是室内顿时变得惬意凉快;我们还用它使窗帘自由升降,等等。这些也是对远程控制的运用。

从上面可以看出,远程控制离我们并不遥远。它时时刻刻存在于我们的身边。

企业为了进行更好的管理,肯定也少不了远程控制的身影。企业与一些外企的合作过程中,运用视频等远程方式进行交流是很正常的事。企业无须再派大量人员千里迢迢地跑到其他国家进行交易,这大大节约了企业的经费。除此以外,在企业售后服务方面,远程控制的运用也是屡见不鲜的。在我们平常的生活中,常常可以听说有一支专门的售后团队,他们会在网上对消费者的一系列问题进行远程控制修理,而且态度也相当不错。售后服务是企业收拢消费者的一种很好方式。一方面,企业通过这种方式,很好地在消费者面前展示出了独特的企业文化,赢得了消费者们的信赖;另一方面,这也大大减轻了企业的维修成本,只需技术员在网上进行操作和维修,根本不需要支出多余的费用。

当然,这也就需要企业加强对技术人员的控制。企业需要进一步引入一大批具有远程控制技术的操作人员进行系统的管理。运用他们专业的技能,及时处理系统可能出现的一系列故障问题,及时给予远处端口人员回复,等等。

总而言之,远程控制对于企业来说,是一种非常具有价值的现代化管理方式。虽然从近期的投入来看,企业压力会相对较大,但是从长远眼光来看,这是一种节约成本的很好方式,非常值得管理者借鉴。

3. 人机对接

事实上,员工在早期工业的时候,就是管理者眼里纯粹意义上的机器人。那时候,员工得不到太多的人性关怀。尤其是在成天见不到阳光的煤矿作业的员工,甚至得不到最基本的人身安全保障。他们只是劳动的工具,每天都在管理者的严酷逼迫下进行烦琐的工作。

后来,随着科技与经济的发展,人们逐渐意识到“以人为本”的重要性。科学家们为了解放人们的自由,于是发明了机器人来代替人类。机器人的出现,大大降低了高危工作的事故发生率,也让一些脏活、苦活、枯燥活有了着落,因为机器人从来不会埋怨和控诉工作的辛苦。工业机器人替代了目前越来越昂贵的劳动力。

在这个社会,“人机对接”的现象已经变得相当普遍。

在发达国家中,工业机器人自动化生产线成套设备已成为自动化装备的主流及未来的发展方向。国外汽车行业、电子电器行业、工程机械等行业已经大量使用工业机器人自动化生产线,以保证产品质量,提高生产效率,同时避免了大量的工伤事故。全球许多的国家近半个世纪的工业机器人的使用实践表明,工业机器人有利于自动化生产,提高社会生产效率,是推动企业和社会生产力发展的有效手段。

在我国,廉价劳动力优势逐渐消失的背景下,“人机对接”已是大势所趋。面对机器人产业诱人的大蛋糕,没有一个企业是不心动的。于是，机器人企业、机器人产业园如雨后春笋般层出不穷，积极投身于这场“掘金战”中。现在，机器人出现的范围越来越广泛，即使在很多的传统工业领域中人们也在努力使机器人代替人类工作。譬如，目前人们已经开发出一系列的食品工业机器人，有包装罐头机器人、自动午餐机器人和切割牛肉机器人等，机器人在食品加工领域应用如鱼得水。

人机对接是时代发展的需要和产物。在解放员工的同时，意味着企业开始走高新产业道路。企业需要选拔一批真正具有专业知识的人才，将他们的智慧最大限度地发掘出来。总而言之，机器就是人类智慧的结晶。

科学管理是基础，现代化管理是发展，将两种管理模式结合起来，辩证看待是关键，吸取两者的精华是重中之重。尽管科学管理已经渐渐被现代化管理所取代，但是，每一种模式都有其曾经存在的价值，科学管理对现代化管理起到了很大的孕育作用。管理就是在创新中进行发展，在每一位管理者的运用下，渐行渐远。

科学管理与现代化管理可以用图 1-1 表示。

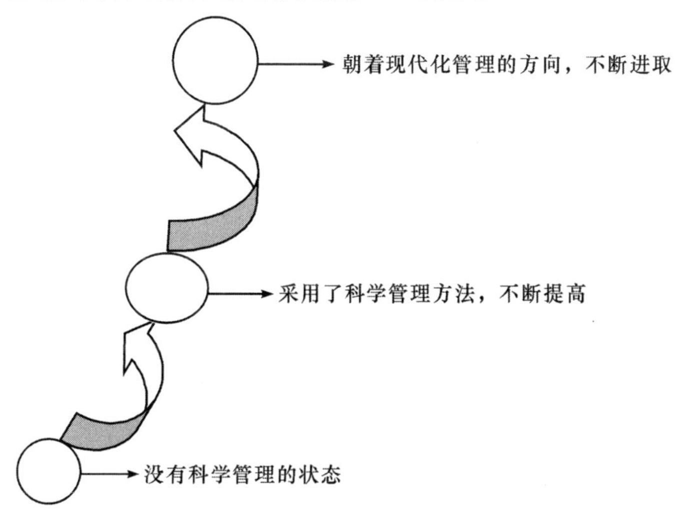

图 1-1　科学管理与现代化管理演进趋势

五、情有独钟爱管理

在管理工作中,还要注意抓住管理的牛鼻子。要深入调查研究,要善于量体裁衣,要能够对症下药。

(一)应该管

1. 自我需要

李嘉诚先生曾经说过,自我管理是一种静态管理,是培养理性力量的基本功,是人把知识和经验转化为能力的催化剂。

自我管理既是一种自我完善,也是一种自我激励,更是一种自我实现。对企业管理者来说,自我管理是其他一切管理工作的基础。这是任何管理者成功扮演好角色的必备条件。进行良好的自我管理是走向管理者的垫脚石。

然而,自我管理需要从现在的每一件小事做起。如果你现在还是一名大学生,那么此刻正是塑造这种习惯的最佳时期。在大学这个宽松的环境里,虽然也有教授讲师的督促,偶尔有来自远方父母的唠叨,但是这一切外在的督促力量都是软约束力,能够依靠的还是自己的思想觉悟。只有自己想要读书,积极乐观生活,才能很好地享受大学生活。如果你现在已经走出了校园,那么你就像是一只断了线的风筝,永远都不会有处处为你着想的人,也不会有人时时刻刻为你的想法提出建议,不管是支持还是反对。这时候,就需要从各方面进行自我管理与约束。从正常的一日三餐开始,到公司中的职业道德情况等都需要进行严格把关。

总体而言，不管你是属于何种身份，自我管理其实并不难。我们可以从自我定位管理开始。每个人都有属于自己的人生目标，都有一条为自己精心规划的道路。那么在实现这个目标之前，自己需要合理估量自己，给自己做一种最合理的定位。其次，需要进行自我激励管理。当自己有了一个明确的奋斗目标之后，在茫茫征途中，也常常会出现懈怠的情况。所以需要每天清晨醒来给自己一个微笑，大方地送自己一声“加油”。最后需要建立自我学习管理的意识，因为渊博的学识能够提升自己内在的涵养。毛主席是一个热爱读书的人，他一直很忙，可是他总是挤出时间，哪怕是分分秒秒，也要用来看书学习。他的中南海故居，简直是书天书地，卧室的书架上，办公桌、饭桌、茶几上，到处都是书，床上除一个人躺卧的位置外，也全都被书占领。就连伟大的开国领袖都如此发愤图强，看万卷书，我们又有什么理由不去奋斗呢？我们应该更加加强自我学习管理，开拓自己的知识面。

将自我管理分为一系列的步骤，努力去完成各种目标。那么，我们终将实现自我价值。

2. 生存需要

有一个坐落在沙漠中央的小村庄，那里的人们生活得十分艰苦。他们并不是不愿意离开那块贫瘠的土地，而是尝试过很多次都没找到合适的管理者带领着他们一起走出去。

一个旅行者去到那里，了解情况后，让一个小伙子带路，经过半个月的跋涉，一块绿洲出现在他们的眼前，他们又回到了这个村子。原来他们在沙漠里绕了一个大圈，这个旅行者终于明白村庄里的人们为什么走不出沙漠了，因为他们当中根本就没有一个认识北极星的人，也没有一个具有合理有效管理方式带领大家走出困境的人。

后来,他告诉那个小伙子,白天休息,夜晚朝着北方那颗最明亮的星星前进,通过不断鼓励大家,一直跟大家讲再过半个小时就可以喝到水,再过几天就可以走出沙漠了。于是,他们一次次出发,终于走出了沙漠并很好地生存了下来。

人生就如同在沙漠中行走,很多人虽然拥有坚定的决心和能力,却依然走不出这片残酷的地带,那是因为他们缺少明确的目标和恰当的管理指导。

如果每个人都具有“沙漠处境”意识,那么就会时刻为自己明天的生存感到担忧。管理其实是为了更好的生存,有了管理,生活就变得特别井然有序;有了管理,梦想实现起来就不会显得太困难;有了管理,我们才能每天都过得充实而精彩。

在如今生存压力极大的社会里,管理者需要时刻将管理的思想带到工作中。从清晨开始就规划好一天的工作和业务量,将一切工作合理安排好,并且及时分配下去;下班前,汇总所有员工的工作表现,及时对他们进行评价和提出一系列建议。如此坚持,一方面,将为员工打造更开阔的舞台;另一方面,也将得到上级领导的肯定与认可。

全面有效的管理,将化解未来的生存危机。

3. 成长需要

一棵树苗成长为一棵参天大树的过程,需要的不仅仅是阳光雨露,也不只是肥料养分,很关键的一步就是管理。当树苗很小的时候,需要用薄膜将其盖住;当稍微高一点的时候,需要用绳索把它绑住,以免长歪;春天将至的时候,需要修剪枝叶,让全部的养料全部都送到树冠,最后实现插入云霄的梦想。

人的成长也是如此。很多人小时候都有过被父母打骂的经历,这是因为如果没有严厉的家庭教育，小孩子犯错就不会有愧疚感。在学校里，很多人嫌老师管得太多，不许上课讲话、不许抄作业、不许随地乱扔垃圾，等等，觉得他们的自由被严重束缚住了。然而，正是这样的严格管理，才逐渐形成了积极的学风，才让校园井然有序，才让大家养成了良好的生活习惯。否则，一旦放纵那些心智还未完全成熟的学生，他们就会很容易沾染社会上的恶习，最后走入无底深渊。因此，一个人在漫漫的成长路上行走，如果没有管理力量的引导，会误走很多弯路。管理是促进进步最好的推动工具！

企业里，管理的侧重点与社会管理有较大差别。对于满屋子的成年人来说，管理者不会再手把手地教员工如何有效工作。管理者抓的只是宏观方向，具体的工作目标还是要靠员工自己来确立。这个时候，员工如果想要进一步发展，就必须积极寻找被管理。这里的被管理，是指员工本身为了少走弯路，积极向管理者虚心请教，对于管理者分配下来的任务都保质量地完成。只有这样，员工才能谋求其自身的发展。既然员工整体发展了，那么企业的实力就相对提高了，这也将很好地促进企业的可持续发展。

在成长的口袋里放上一瓶叫“管理”的药，这将受益匪浅。

（二）能够管

1. 事业管理

除了自身对管理有着强烈意愿外，想要成为一名合格的管理者，还需要具备足够的能力去经营事业。

我们都知道一个道理，一个人想成功经营一家企业，仅仅依靠自身的一腔热血和蛮力是远远不够的。对外而言，如果他没有长远的眼光，不能很好地分析过去的经营情况,也不能预测未来的发展前景,那么,现在正在运营的状态在不久的将来也会面临破产的结局;如果他没有人际交往的能力,企业的对外发展就是一张空白的纸,没有人愿意与这家企业进行合作。对内而言,不能很好地与员工交融在一起,企业的整体氛围一定是枯燥而乏味的;如果他没有独立领导能力,那么他的周围就不会有前拥后挤的景象,他也就不会懂得如何去体贴和关爱员工。所谓"力的作用是相互的",那么员工也就不会对他过于亲近和尊敬。最后造成的结果不言而喻,企业就成了一潭死水。那么那个"他",满腔的热血就会被扑灭,激情也会逐渐消失。

由此可见,作为一名管理者,必须要把自己潜在的所有能力都挖掘出来。当然,所有以上这些能力只是一般层次的管理者所需要的基本能力。想要从众多管理者中脱颖而出,所需要的就是一点——安排事务的能力。

管理者在自身能力非常强悍的情况下,绝不能事必躬亲,什么事情都交给自己去做。这是对员工智慧的扼杀,也往往事与愿违。因为长此以往,员工容易形成惰性,责任心大大降低,什么事情都留给自己一条退路,总认为有管理者在后面为他们擦屁股。情况严重者,会导致员工产生逆反心理,即便工作出现错误也懒得向管理者提出。何况人无完人,管理者本身的智慧毕竟是有限而且片面的。如果没有员工的共同参与,很容易一个人集权,并且做出错误的判断。为员工画好蓝图,给员工留下空间,发挥他们的智慧,他们就会画得更好。多让员工参与公司的决策事务,是对他们的肯定,也是满足员工自我价值实现的精神需要,这样也有助于让他们形成主人翁的意识。将任务合理分配下去,并赋予员工更多的责任和权利,他们将会取得很多意想不到的成绩。

因此,在事业中需要管理,指的不仅仅是管理者本身就有的管理能力,更重要的是管理者对员工的信赖和分配。当管理者将所有绳索都抓在手里,就能坐在远处却掌握一切企业事务的动态,这是最高境界的管理!

2. 机制管理

俗话说"无规矩不成方圆",管理者想要取得良好的业绩就需要制定合理有效的管理机制。

首先,想要转动起企业的大转盘,需要建立的是运行机制。管理者要扮演好伯乐的角色。世界上的千里马很多,即使不是千里马,也很容易从一匹等级稍微低一点的马转化为一匹良马,但是伯乐却少之又少。管理者需时刻从四面八方物色优秀的人才,为企业输入新鲜血液。将人才招进以后,应该根据每个人不同的特点,把他们安排在不同的部门,这样才会充分发挥人才的智慧,形成"人才效应"。此外,企业还需要做一枚吸铁石,与大量外商进行交流与合作,吸引较多的股东投资本企业,这样有利于资金的运转。

其次,需要建立的是动力机制。管理者在给下属制定目标的时候,经常会犯一个错误,就是认为目标定得越高越好,目标定得高了,即便员工只完成了80%也能超出自己的预期。实际上,这种思想是有问题的,持有这种思想的管理者过分依赖目标,而没有考虑到太多实在性与可靠性。他们想到的只是短期的效益目标,却没有考虑过在长远的未来,动力才是推动员工进步的根本。如果给员工过大的压力,员工很容易失去信心,失去前进的动力。这是万万要不得的。相反,管理者需要耐心地帮助员工制定行动计划,共同探讨障碍,并排除之,帮助员工形成动力。

最后,需要建立的是约束机制。当管理者完成了前面两项任务的时候,需要深思的是约束。现在的80后、90后的工作个性都相当鲜明。他们对于职位的认识是在不断变化的。也许,他们刚刚进入一家上市公司时,满怀骄傲与荣耀,但是过了一两年,他们的价值观发生了一些改变,于是跳槽。这一现象在现在的社会已经屡见不鲜了。如何把员工的心抓住,这是最难,也是最重要的工作。在这个时候,约束机制就显得相当重要了。不管某位员工的工作能力再怎么强,管理者也不能把所有的企业机密告诉手下,也不能把眼光局限在某位员工身上。当管理者发现某些员工掌握的权力越来越集中时,也要及时寻找相应的对策来控制住局势。此外,建立起白纸黑字的制度体系,对主动提出辞职的员工数量进行严格把关,这是约束力的最强有力的体现。合理适当的约束机制可以让员工一直都走在正轨上,这其实是员工发展的一把保护伞。

能否建立好以上三点机制将会是考验管理者能力的最好方法。

3. 流程管理

"流程"对于很多人来说,也许是一个比较正式的名词。在生活中,大家接触到的更多的是"顺序"这个词。然而,"顺序"则不需考虑整体安排的流畅性,只要按照顺序进行一项项任务就可以。例如,当各科老师布置下来一大堆作业,不同的学生会安排不同的作业顺序,喜欢文科类的学生先做语文后做英语,逻辑性强一点的学生或许会先做数学。而"流程"一般比较正式,在一些重要的大会上,发言者都会拟一份流程,一方面可以帮助发言人更有条理地讲述;另一方面,也有助于听众根据听到的内容,清晰地在脑海中罗列出一个构架。

一个想获得成功的人首先要知道的不是工作的细节,而是确定事情的大致方向与优先级,当他熟悉整个流程以后,就可以有针对性地安排事务。例如,他应该先确认好一些事项,仔细推敲流程以后安排一系列的后续作业;他也应该预测到哪些事情应该排在最后,以避免其他流程的变动而必须一再重做;以及各项流程之间应如何协调与整合,等等。

企业的经营需要管理者事先拟好足够详细和妥当的流程。只有制定好流程,才能很好地安排一些工作,才能让员工们各司其职,才能更好地完成年度指标,才能让企业在正常的轨道上运营。就像我们平常做事一样,如果每天不给自己制定一个计划,日子就会过得庸碌和松散,丝毫不会有一点上进心。同样的道理,如果没有流程,企业就像是一只无头苍蝇,没有明确的方向,浑浑噩噩地操作项目,最后迎接企业的肯定是破产和倒闭!

制定流程一直以来就是管理者面临的最难突破的瓶颈。一旦管理流程落实好了,就相当于为企业的未来铺好了铁轨,只有有了一条明确清晰的路,企业才能走得更踏实和稳重。

(三)乐意管

1. 出于感恩

每一位管理者都经历过像蝴蝶蜕变一样的过程。从刚开始接触管理这个岗位的时候,内心的一种忐忑与胆怯,到能力得到一定的体现,自己的管理才能被逐渐挖掘,到最后心甘情愿地为大家付出一切……这是一个漫长的过程。

管理者的心态发生变化过程,也是价值观升华的过程!也许,管理者一开始对"管理"这个词语认识得并不深刻,只是从字面上对其进行解读,但是随着时间的推移,管理者渐渐对一份事业产生了热爱与忠诚,由此就产生了"感恩"的情怀。

管理者想要达到感恩的境界是非常不容易的。因为,本身能提出

“感恩”就已经很不容易了,想要落实到行动中就更加困难。这意味着奉献,从物质上、精神上去实践“感恩”。包括对全体员工进行换位思考,真正走到员工的工作岗位上去体验基层工作;包括切实维护消费者的利益,尤其是食品企业,从源头开始抓起,关注食品的每一个加工环节与工序,让消费者买得放心、吃得安心;也包括对社会公益事业的支持,积极捐赠企业的一些物资给社会上需要帮助的人们,等等。

事实上,深入“感恩”的境界就是“爱”。管理者自身从一名普通的被管理者一路走来,有被误解过,有被冤枉过,有不被理解过。但是,最终还是在伯乐的帮助下,一步步爬上了事业的顶峰!于是,管理者自己也会像第一位伯乐一样,将爱传递到下一匹千里马身上。只要设身处地地为员工考虑了,员工也一定会记在心里。这会积极调动员工的工作积极性,会充分发挥员工潜在的能力,也将进一步促进企业的发展!

因此,当一名管理者不再仅仅以提高企业的业绩为奋斗目标,而把更多的精力放在员工身上,让员工快乐工作、轻松工作,那么管理者就能深入人心,他最大的价值就得到了体现。这就是管理者的最高境界!

2. 助力升迁

一名优秀管理者的发展路程就是从应该管到能够管,最后到乐意管。

当一名员工意识到了自我价值,懂得了主动进行自我培养,并把自己打造得具有非常突出的管理能力以后,就成了夜空中一颗闪亮的星星。

然而,在这之前,自己必须付出足够多的努力。也许,一直以来,戴在自己头上的都是一个叫作“自我管理者”的称谓。无论做什么事,都没有太多人知道,也没有太多人来关注自己。但是,那些最后真正成长为企业管理者的人身上都具备很多相像的特点,他们总是乐于以主人翁的心态去对待任何事物,从来都不会因为临时接到通知说要加班而念念叨叨,也不会因为领导对自己的一些不全面的评价而顶嘴或是产生冲突,一直以来都以积极的姿态去认同企业文化,全心全意做好自己所有的工作。此外,还乐于帮助同事遇到的一系列问题,总是能够想出非常巧妙的点子雪中送炭;总是乐于关心和体贴上司,为他们送去节日的问候;对于上面布置下来的任务,能在规定时间里超额完成,等等。他们在平日里所做的点点滴滴都是被领导看在眼里的。领导从一开始就在观察身边一些具有管理能力的员工,也默默地用各种方式考验他们。当时机成熟后,升迁自然是一件意料之中的事。

然而,升迁后并不意味着管理者就被上了保险。升迁只是让管理者拥有一个更高更好的角度去观察更远的事物,只是为管理者的正确决策提供一个平台与资源。

升迁成为管理者以后,还要以更加严格的要求来约束自己。管理者再也不能出现被动的局面,而是应该积极主动地将工作很好地安排下去。管理者也绝不能占着茅坑不拉屎,一味地沿用以前的管理者留下的工作痕迹,继续发展。相反,根据时代的发展,每一届升迁上来的管理者都应该加强改革力度,不断进行创新。企业需要的是最新鲜的血液,管理者需要及时发现传统的工作中存在的问题和漏洞,及时解决工作中的问题并进行创新。

升迁是对能力的肯定,也是对今后能力的考验。很多人都认为"高处不胜寒",那是因为他们没有做好充分的准备。升迁之后,管理者更加需要一种大气的姿态,将管理作为一种爱好,并将这种正能量传递下去!

3. 利于和谐

《庄子》中的子舆有很多缺陷:驼背、隆肩、脖颈朝天。朋友问他:"你很讨厌自己的样子吧?”他回答说:“不,我为什么要讨厌它呢?假如上天使我的左臂变成一只鸡,我就用它在凌晨来报晓;假如上天使我的右臂变成弹弓,我便用它去打斑鸠烤了吃;假如上天使我的尾椎骨变成车轮,精神变成了马,我便乘着它遨游世界。上天赋予我的一切,都可以充分使用,为什么要讨厌它呢?得,是时机;失,是顺应。安于时机而顺应变化,所以哀怨不会入侵到我心中。”

虽然子舆在生理上有着先天的不足,但是他毫不自暴自弃;相反,他很从容地去接受、欣赏自己的缺陷,顺应客观充分发挥自己独特的潜能,化劣势为优势。这就是真正意义上的和谐管理。从某种意义上说,这就是一种所谓的“自我管理”。

和谐是中国传统文化的核心内容,也是做好管理必须坚持的基本理念。拥有和谐的企业氛围,可以让员工感受到家的温暖。譬如,每天清晨,每一位员工的办公桌上都有一个新鲜的苹果,虽然苹果并不贵,但是它有着使员工每天都身体健康、开心的意蕴。拥有和谐的人际关系,可以让上司与员工之间变得融洽和自然。很多员工都有一种感觉,就是在老板面前放不开,本来平日里的工作表现都非常良好,但就是因为在老板面前表现得过于紧张,一次次失去了得到提拔的机会。如果与上司的关系处理得恰当,就很好地帮助上司加深对基层的了解,使得员工的利益得到最好的保障!

掌握和谐的管理模式,是一门高深的学问。在企业里,管理者也需要像子舆一样,将一切表面上看起来不利的因素进行有效的转化,充分调动一切事物内在的联系,通过一系列的努力,尽量把不利因素全都转变成和谐因素。此外,管理者也需要挖掘一些潜在的因素,从内而外地营造出企业的和谐气氛。

有了和谐就意味着拥有了竞争的软实力,有了和谐就代表着企业带给所有消费者以微笑的姿态,和谐是企业成功晋级国际王牌圈的通行证。建设“和谐”企业将会是全体管理者的终极目标!

孔子曾说:知之者不如好之者,好之者不如乐之者。管理同样如此。从应该管,到能够管,最后到乐于管,这是管理者质的突破!一旦管理成了管理者生活的一种兴趣,那么管理者的价值观就会升华。有了这样的思想,他们不会再觉得管理是一件枯燥的事,反而是一种享受。他们有主动承担责任的意识,会用严谨的态度,努力把各项任务都完美完成。

在管理的乱花丛林中前行,确实会被各式各样的花儿所迷惑。但是,当用辩证的思维看清了管理丛林的“地理布局”,了解了管理的发展过程,并且在自己的脑海里形成了一套适用于本企业的独特管理模式时,就能将一系列理论运用于实际操作中,达到运筹帷幄的效果。而且,随着人生阅历的增加,他们可以很科学地分配好管理任务,每天只需花少量的时间关心企业的运营情况,工作轻松而愉悦,最后达到事半功倍的效果。

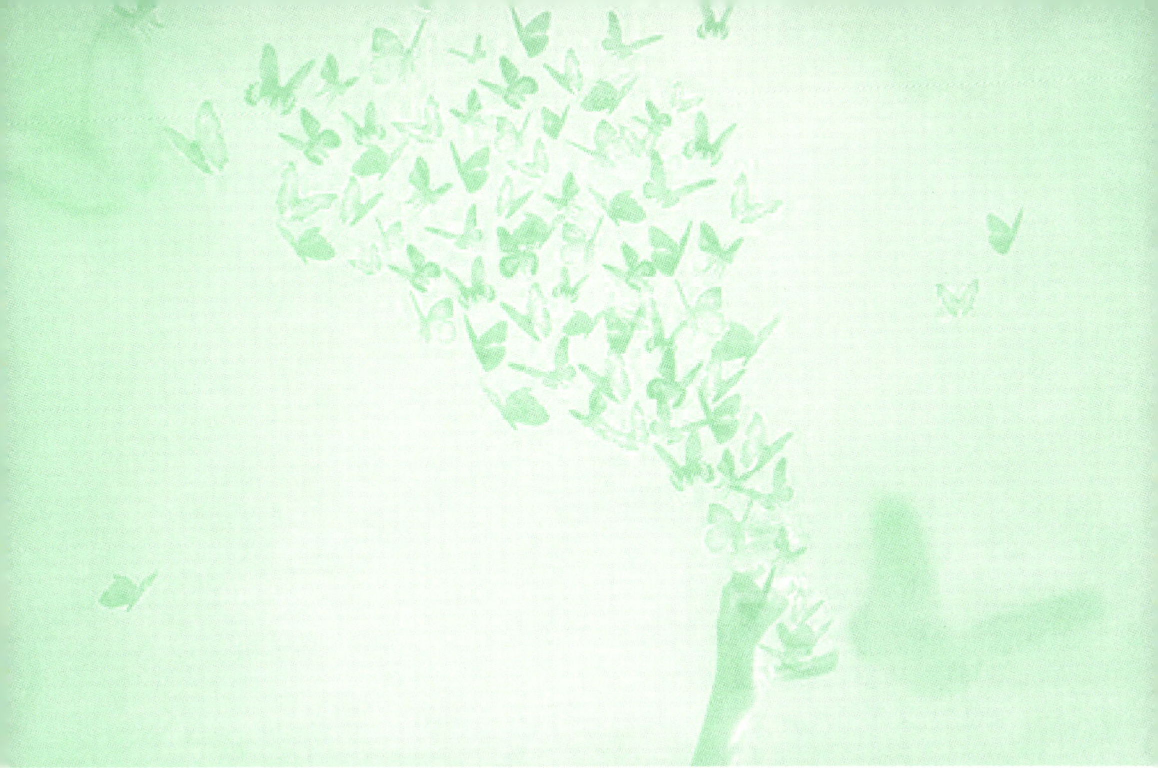

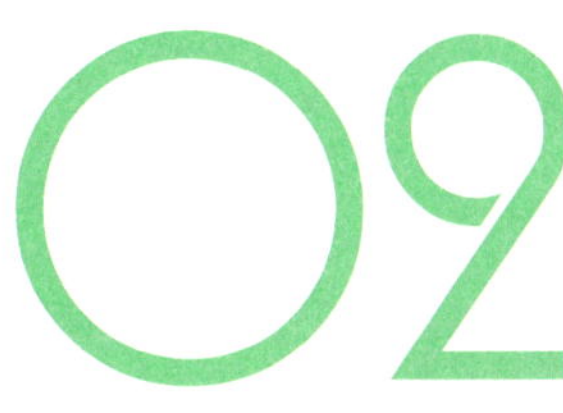

02 管理入口：欲知诀窍问自身

孙子兵法云："知己知彼，百战不殆。"所以，知己是第一位的。一个连自己的基本情况都搞不清的人，要想在激烈的市场竞争中取胜，几乎是不可能的。

本章主旨

本章分“管理，先备其身；机会，始于准备；知己，方能起航；自省，成功窍门”四个关键环节，奠定了管理入门的基石。尤其是通过对“你是谁?”“你想干什么?”“你具备什么条件?”“扣动扳机，子弹能中的吗?”“轮到庄家，牌局能和吗?”“成功机遇，是增还是减?”等一系列问题的解答，进一步揭示“初始岗位，历练自我”“目标岗位，明晰自我”“成才岗位，完善自我”“对手出牌时：省对策”“事业成败时：省思路”“风雨欲来时：省转型”等管理技巧，为快速找到管理入口提供了良方妙药。

打铁必须自身硬，管理的入口在自身。我们要找到管理的入口，就必须从自身着手，知己是取得胜利的首要条件。只要你搞清楚：我是谁？我来自哪里？我将去向哪里？我用什么方法能最有效地到达我想去的地方？这样你就找到了管理的入口。

一、管理,先备其身

(一)问题一:我是谁?

1. 我是谁?来自哪里?将去向何方?

要做一个成功的管理者,首先必须搞清楚:我是谁?来自哪里?将去向何方?只有认清自我,你才可以选择方向。立足自我、认清自我、不断提高自我,是一件很不容易的事情。但是,不把自我的问题搞清楚,就无法走向成功。

在达尔文发表《物种起源》之前,人们普遍认为上帝造人,而达尔文提出人类是由猿猴演变而成的,物竞天择,适者才能生存。你可想过,你被称为人,你被誉为具有思想的高级动物,所不同于其他动物的特征是什么?

从小到大,你拿到新课本时,都是一笔一画地写下自己的名字,一个名字代表的是一个人,但又不仅是一个人。在百度中,输入你的姓名,你会看到和你同名同姓的人有很多,甚至,前几页完全找不到你的名字,你被淹没在人海中。想到杂交水稻,人们想起的是袁隆平;见到“苹果”,你会联想到乔布斯;说起电商的佼佼者,莫过于阿里巴巴的马云。那么,你呢?你给别人的是什么形象?在别人眼中你能与什么挂钩?优秀的管理者?糟糕的管理者?混日子的管理者?不是说你要被众人熟知才算优秀,不是说你非要在某一领域为世人熟知才优秀。优秀是自己的,但优秀是需要有属于自己的标志的,且这个标志要能得到别人认可。你可以是父母眼中的好孩子，员工眼中的好领导，抑或是你不经意间的帮助获得别人对你的认可，只要能使你从总体中被区别出来，某一处的特征成为闪光的亮点，你便是你，独一无二的你。

讲故事，说管理

认清自我

一位连锁餐厅的企业家，在还没开餐厅之前是个汽车维修工人，曾就读某大学的汽车专业。在进入汽车维修这行没多久，他便发现自己相较其他同事吃力很多，在维修汽车过程中经常碰到不会维修的事例，甚至维修好的汽车也常被顾客投诉。最重要的是，他发现自己对修汽车没有热忱，没有热情去学习，何谈去记住怎么维修呢？值得庆幸的是，他是个勇敢且坚决的人，毅然辞掉了这份工作，向父母和朋友借了一些钱开了一家小餐馆。读到这里，可能很多人会不解，为什么一个学汽车专业的人会去开餐厅。原来，在他上学期间，隔壁就是一个烹饪学校，他常逃课去蹭烹饪学校的课，并在回家后买食材进行实践。经过三年，他已有一手令人称赞的厨艺。他的小餐馆一直开得不错，后来做到全国连锁，他现在仍喜欢下厨招待朋友。

用这个真实的事例只想告诉大家，必须清楚地明白自己是谁。我是一个具有思想的人，能思考，能够透过表象看本质；我具有创造精神，拥有实践能力，而不是处于被支配的状态；我能运用一种才能，我能借助我拥有的资源，我能分析所处的环境，用思想去控制自己，改变自己的生活，而不是被生活带着走，如逐流的浮萍那样。

2. 我是我，来自梦想萌发地，去往理想实现地

当你清楚你自己是谁，对于自己有了一个清晰的定位，就能萌生自己的人生梦，从而去实现自己的梦想，这也许就决定了你的未来。在职场上，你将自己定位为“打工仔”，可能就意味着你会为企业打一辈子的工，最多只能多换几家企业做不同的工作，但仍只是为人打工。如果你将自己定位为“主人翁”，你会怀着一种高度的责任感，满含奉献感地参与到企业事务中去，你的老板将会看到你的价值、你的闪光点，因为企业最需要这样的人，因而你有更多的机会成为管理者，而不是被管理者。

因此，你对自我的认识决定了你在企业中的价值、你未来的发展前景，以及你将获得的荣誉和回报。

最近在网上有这样一个帖子：

我有一个朋友，在一家大商场里工作，该商场是全国连锁的，她是一类产品的采购主管，直接领导是采购总监。很久没有见到她了，我觉得她可能很忙，没想到她见到我和我说的第一句话就是：“我们总监太可恶了，下了那么多任务，不可能完成的，我在公司都干了多久了，他刚毕业的一个小孩，天天在我面前指手画脚的。”我一问，原来她调到一个新的部门去了，在这个部门她工作起来很陌生，但是任务并没有减少，所以她的意见很大。而总监是个刚毕业不久的高学历的人，她觉得自己资历很深，而且年龄比他大，所以就很看不惯他。我笑着对朋友说：“不能拿苦劳去当功劳用，这样不会被人看得起的。”朋友却回道：“现在的商场不都这样吗，不就是高学历吗，又没经验，除了会派任务还会什么？”被朋友这么一说，我都不知道该怎么回应了，我也是公司的老员工，却也不知道该如何作答，不过我还是觉得不能这样。朋友们，你们说呢？我又该如何去说服她呢？

这位采购主管抱着这样的心态，你认为她能把工作做好吗？

无论学历还是资历，只能说明过去的成绩。拿到了学位，说明你的学习是合格的,获得了资历,说明你以前的工作是获得认可的,今天是否有价值,那要看你现在是否能够创造新的业绩。我们往往靠过去的成绩来定位现在的自己,诚然,过去拥有的荣誉、奖励、资历……都可以是与其他人竞争的武器,是你优于他人的凭证,但是,你自己不能被这些所禁锢,你要站在更高的角度,一个更能够清醒地认识自己的角度,去更好地管理自己、分析自己的利弊,有则改之无则加勉,使自己成为一个更优秀的人。

一个人对于自己的定位不能局限于过去,应该是现在的别人,以及未来你觉得自己能够成为的人,对于自己比较别人此时此刻现在的定位。过去你在某国企是个不具有优势的员工,但你现在在规模不到 30 人的小外企,这是两种不同的环境,在这两种情况下你的竞争力是不同的,你得到领导的信赖度是不同的。在过去开放经济被视为资本主义的表现,但是在 21 世纪经济大开放的背景下,走出去,发展经济,提升品牌价值是每个领导者应该思考的重要问题。所以说,定位需要清晰,结合实际,放在时代大背景下才能发展得更好更快。

你就是你,独一无二的你,想要成为职业经理人的你,想要成为一名项目管理人的你,想要成为总经理的你……无论是怎样的你,只要是你,是你对于自己成功定位的,都可以。一个人只有清楚自己,清楚前行的路,才能变得更好、更优秀。

(二)问题二:你想干什么?

每个人,处于不同的阶段想做的事总不同,或者说,伴随着你的成长,你能够认清自己真正想要做的是什么,你想去做什么,要成为什么样的人。

有多少人年幼的时候,幻想自己像数学老师那样站在讲台上唾沫飞扬演算算式的样子,如今却早已遗忘;或者说,伴随着年轮的扩展,对于社会经济的了解,你觉得自己想成为一个朝九晚五的上班族,白领一族。可真正进入了公司,你又发现小时候多好,没有钩心斗角,不必为了往上爬拼死拼活。

可是你必须清楚,这是你自己选的路,有句话叫,自己选的路,跪着也要将它走完。有很多人选择了远方,风雨兼程。而你们或多或少有人在管理层,但其实,无论你现在是否是在管人、管物、管财的位置上,哪怕作为一个小职员,你也要管好自己,管好自己要走的路。

很多人把自己的不作为视为时运不济,极端点的,认为这个世界存在太多不公平,含着金汤匙出生的少爷和寒窗苦读几十年的自己存在太多的差异。其实,我想说,影响你成为怎么样的人的最大因素绝对不是家庭背景,而是个人。你个人对于自我的认识,对于自己道路的规划,很大程度上决定了你的人生价值度的高低。有“我爸是李刚”这样的孩子,也有自强不息成为一代成功企业家足以励志千万人的马云,这足以见得你所想所做的重要性。马克思在青年时期就说要为人类的解放而奋斗,是的,他一直努力着,甚至不惜牺牲了他的家庭和子女,终于发表了《共产党宣言》,为苏联成为社会主义国家打下了理论基础和实践基础。

能促进一个人迅速成长的是经历,能督促一个人在所处岗位上不断进步的是兴趣。为什么有很多人打游戏能通关,考试却总是不及格?为什么有些职员在跳槽后的企业更能受到老板的青睐?或者说,努力创业着的人总是充满着无限的激情,无数次被打败后仍满血复活,这些都是为什么?因为兴趣是最大的老师,或者说,这是他们喜欢做的事。

你必须知道自己想干什么,想成为一个什么样的人,才有可能做成你想做的事,成为你想成为的人。

生活中,如果你只想生命无虞,吃饱穿暖玩好,有一份让自己饿不死的工作便无所求。这样的你不是平凡,而是平庸,平静且庸碌无为。

我有一个朋友,有一份令旁人羡慕的工作,他是工商局的一个管理层的人,任职已近十年。朋友们包括我都很羡慕他晚出早归、工资优渥、年终奖金丰厚的工作。当他辞去工作时众人不解,甚至认定他日后必会后悔,然后他只是对我们摇头一笑。不久后,收到他的短信说进了一家外贸企业做小职员,为一些外贸单子跑业务,变成了朝九晚五、时常顾不上吃饭的业务员一族。朋友间的聚会极少见到他,曾经的他一度是我们生活圈子里高谈阔论的好手。再见到他是一年后,看着比做公务员的时候更意气风发、神采奕奕、满面春风的样子让我不禁怀疑起朋友们觉得他生活得很糟糕的传言。他笑着对我们说,这工作帮助他减下了常年盘踞的啤酒肚,的确,整个人看上去更帅气了。他说他现在已经是部门主管了。于是众人赞他有眼光,认为他当初辞去工作是明智之举。

前不久,发短信问候他,朋友表示已经成为他们公司的副总了,微信上传给我他衣装笔挺的模样,与做公务员期间肥头大耳的他判若两人,他还和我说正在法国谈判,准备工作结束后顺带去看普罗旺斯盛开的薰衣草。

或许讲到这里,你也会欣羡他一开始辞去公务员的决定,因为他现在的成就是靠辞去这份工作换来的,认可他当初辞去安逸的工作,觉得他有先见之明,可能还会想要去效仿。

我想说的是,他辞职从业务员做起而后获得成功不是必然的,但也不是偶然的。别人是看到了他成功之后才肯定的,而他当初选择辞去工商局的工作时并没有认为自己一定能成功,他只是觉得,自己不适合过太安逸的生活,想趁着年轻闯一闯,仅仅是因为那是他想做的,他明确地觉得那是他自己要做的。

只有做自己喜欢的事，从事自己喜欢的工作才能达到物质和精神的统一，获得持久的幸福，使整个人散发不一样的气质。那么，你想干什么呢？想成为一名企业家？想做一名外贸公司的管理人员？还是育人成才的老师？只要是你内心所渴望的，即便你现在拥有最朴素的生活，也不妨碍你成就伟大的梦想。或者你只想做一个普通人，只要不妨碍你拥有最简单的快乐，你也是成功的、优秀的。因为，这世上只有一种成功——以你喜欢的方式，做你开心的事，无论是事业有成，还是平凡大众一名，都是成功的，都是值得让人竖起大拇指，赞一声优秀的。

那么，静下心来，想想自己想做什么吧，然后记得，一旦选定了自己的路就要不顾风雨，勇往直前，阳光总会出现在你的眼前，七色彩虹，动人心弦。

（三）问题三：你具备什么条件？

讲故事，说管理

乌鸦与鹰

乌鸦看着翱翔在天空的鹰心生羡慕，便派了家族中一只乌鸦前去探察鹰是如何飞上高空的。

它回来后告诉大家："鹰和乌鸦不一样的地方就是，它们孵出小鹰用了30天。显然，这是鹰从小就拥有强健体魄的原因。"

于是，乌鸦们也开始用30天去孵卵。

一只乌鸦去观察老鹰练习飞行的情况，回来后告诉大家："我准确算过，老鹰每次飞到离地一万米的高空再停飞，这肯定是它们拥有强大飞翔能力的关键。"

于是,乌鸦们都向一万米的高空冲去,一直没有停歇,但最后,它们都没有飞上万丈高空,它们不但没有成为鹰,反而断送了性命。

通过这个故事,你应该能感受到,认清自己的能力,自己拥有什么条件的重要性,只有你对自身条件有充分的把握,再考虑自己是否有这个能力去做某件事情,才能事倍功半。

就像故事中的乌鸦没有认清自己的能力,作为乌鸦,不具备鹰有力的双翅、强健的体魄,而盲目地往一万米的高空飞去,身亡的结果其实就在意料之内。做不该是自己做的事,成不了自己想要成的事。鹰是鹰,乌鸦是乌鸦。如同社会中的我们,有些人以画画谋生,有些人研究电商家财万贯,而有的则只能下地耕种。我并没有歧视谁,或者打击谁,只是在陈述一个事实。生活缺不了油盐酱醋,如同世界拥有各行各业各色的人才是完整的。我们都很优秀,在自己的位置上,成功有很多种形式。是乌鸦就做乌鸦能做的事。不是鹰,就不要不顾停歇地勇往直前。成功终会眷顾本来的你,因为你有足以成功的条件,切勿好高骛远,绝不要盲目实践,仰望星空的同时要记得你脚踏着的土地。

再说个故事。宋朝的时候,有个叫叶元清的人被录为状元,他骑着高头大马,得意扬扬地在街上走着。来到一个路口时,只见一个樵夫不避不让,照旧往前走,衙役们高喊让道,樵夫才停在路口说:"新科状元有什么了不起!如果我小时候能够上学,现在也是一个状元!"叶元清闻言大怒,喝道:"山村匹夫,如此不自量力!还是老老实实砍你的柴去吧。"樵夫不以为然地说:"天下学问多的是,就说砍柴吧,我想怎么砍就怎么砍,你能吗?"状元不信。椎夫拿过一块方木,在上面画了一条线,举起斧头往下一劈,正巧沿线劈开了木头。这时,又走过来一个卖油翁,嚷着说:“这有什么了不起,如果我是樵夫,我也能这样!”叶元清一听,就说:“好!我买你一斤九两油,但不能过秤,得用手倒。”卖油翁哈哈大笑,拿出一个小瓶,又在瓶口放了一个铜钱,拿起油桶便倒。只见油如同一根线一样落入钱眼中,称一称,一点不差。状元看了两人的表演,叹了口气说:“真是三十六行,行行出状元啊!”

是的,各行各业,都能锻炼人、成就人。有一句话说得好,每一个人都是自己的英雄,关键在于你如何去当好这个英雄,你具备哪些成为英雄的条件?

你有敏锐的洞察力可以做侦探,有缜密的逻辑力适合做数学家,有创造力可以尝试做企业家;你是国际商务专业的可以向商务师这块发展,会计毕业的做会计师,营销专业的适合从业务员做起;比较细致的人适合往文员发展,一板一眼循规蹈矩的适合从事财务,外向活泼善于交际的可以从事外贸等。关键在于你具备什么条件,有怎样的性格特征,你的学历、证书都是你的资本,都是区别于他人、独一无二、存在于他人眼中的标志。

那么,我们如何来分析自己拥有的条件?或者说哪些条件可以促进我们成功?或者说如何通过分析自身的条件成为一个优秀的人?在更优秀的路上,需要我们拥有很多条件,条件也是可以后天培养的,但必须在拥有某个条件时再去做需要这个条件的事。在这个讲究效率的世界中,我们不单单是输不起而已,而是要用时间赢得更快。

知识 。管理知识并不一定必须通过正规的“管理教育”才能获得,正规的“管理教育”只是能使人获得管理学学位。很多时候,我们需要通过一些书本之外的东西去获得一些知识。如学生学习生涯期间在学习管理知识中要参与社团活动部门工作等,你会从活动中初步接触如何管人、管财,你会从安排自我的时间中学习到如何管理自己的时间去创造最大的价值。必须清楚,管理学是经理人员必须掌握的一门专业知识,有关行政管理原理和科学应用是管理成功的先决条件。

技巧。要胜任管理工作仅有管理知识是不够的。管理理论是一门科学,但管理实践却是一门技艺。有众多比你从更高等的学府毕业的人,他们甚至出国深造过,拥有优异的专业成绩。但看重知识,并不是唯一。实践能力,即技巧也很重要,古语说,“纸上得来终觉浅,绝知此事要躬行”,说的就是这个意思。古有赵括高谈阔论,但真正上战场时却功亏一篑。因此,要有效地进行管理,经理人还必须开发和提高一套职业技巧,而这些技巧需要靠你在实践中慢慢总结,在专业知识中慢慢摸索推敲,才能终有所成。

观念。实质上,经理人的价值体系和他对自己、对工作、对组织机构内的各种事情的看法息息相关。观念包括那些能够塑造经理人特性和预示经理人如何处理问题的各种思维模式。观念是主要的情感源。在真正的管理过程中,我们需要对各种问题进行判断,作为一个领导者或被领导者,你都需要能够准确及时地处理你所遇到的问题。这时候,就非常考验你的判断力,需要通过细枝末节、蛛丝马迹去推敲分析,站在一个理性并不缺感性的角度,才能让你走得更远、走得更好。

同时,果断能力、冒险精神、自信心、洞察能力和高度的移情能力都是你可以考虑努力让自己具备的条件。你将通过你所具备的条件去达到你想要的高度,人的潜能是无限的,所以要永远相信自己,只要努力上进不乏智慧,你定能采撷到属于你的硕果。

你是谁?想干什么?又具有干这个的什么条件?想清楚了一切,选定了远方,便只顾风雨兼程吧。

二、机会，始于准备

（一）扳机扣动，子弹能中的吗？

我曾有一度爱上了射击这项运动，它极大地锻炼了我的速度和眼力。但自己却总打不好，咨询了很多教练和朋友还是不行，之后，一个朋友给我讲了猎手的故事。有两个猎人，暂且称为猎人A和猎人B。虽然两个猎人在同一片森林打猎，枪法也差不多，但是，每次最后两个人射到的猎物却差很多。有一天，猎人B实在好奇甚至是羡慕猎人A，便去问他。A说："你是随猎物而动枪，还是拿稳枪再去打猎物？"B理所当然地说："随猎物而动枪啊，不然怎么射得中？"A说："你错了。"他笑了笑，拿出他常年用的猎枪："我没那么多杂念，只是检查好我手里的枪，有否卡壳，子弹是否上膛，握住它，时刻准备着，等待猎物的出现，在猎物出现的时候，扣动扳机，这样你就能射中。"B后来回去按照A讲的做，果然每次打猎都是大丰收。

我听完，恍然大悟。如同打猎，你要管住的是手里的枪，你无法预计猎物什么时候出现，但你可以确认手里的枪是否上膛。如果连这一步都没做好，谈何能射中猎物呢？其实管理也是这样的，你首先要考虑的不是职员是否都勤恳，能否竞标项目成功，大众对产品的喜爱度等，你要做的是管好手里的枪，就是准备好你自己，只有你自己足够优秀了，才能管理好员工，带好团队做项目，生产出优质的产品，为企业创造更多的利润。在职场中，证明能力的唯一形式就是工作结果！如果你连自己都无法管好，谈何让你的下属、你的同事肯定你呢？你的老板又怎么会将重要任务交给你呢,自然,你不会在你的职位上发光发亮。

扣动扳机,子弹能否射中并不重要,其实子弹是否上膛,能否在扣动扳机之时射出子弹才是最关键的。管理中,在你管好别人之前,你先要管好自己,这是前提,也是必要条件,只有能将自己管好的人,才能得到别人的信任,才能得到机会去实现自己的价值,为企业创造价值。

管理者是整个团队的灵魂,他的领导行为指引和影响着一个组织、一些人。管理者就是带领别人达到目标的人,每一个企业都有它既定的短期、长期的目标,管理者需要做的就是带领整个团队实现企业利润的最大化。但是,实现企业利润的最大化是不简单的,在企业运行中管理者会遇到很多问题,其中包括管人、管财、管物的问题,员工之间的关系,领导者和员工之间的关系,等等。

但是,很多企业家在处理事物上其实存在众多问题。部分领导者的处事有时会被下属视为指手画脚、弄不清楚。作为一个企业领导人,首先需要做的是充实自己,完备自己。企业领导人的任务就是要使集体和个人做好本职工作,为企业目标的实现做出积极贡献。

管理者需要智力,就是管理企业的智慧,这是靠后天积累而成的。管理者需要阅读大量的管理书,并且努力实践,所谓实践就是亲身接触管理。管理其实可以从管理自己的金钱开始,也可以通过一些优秀的管理案例来获得如何管理的知识。

作为一名管理者,首先要自信。自信的前提就是之前说的要有智慧,胸中有墨才能指点江山,才能洋溢一种让人信服的魅力。当你的魅力足够强了,你的社交能力才能提高,才能让别人对你信服,从而自然而然地衍生出一股领导范和成熟魅力。这些对你的公司业务是有很大帮助的,好的社交能力甚至能帮助你的事业更上无数层楼,因为这个社会本身就离不开交往与沟通，人脉永远是一个无往不利的武器。

作为一名管理者，要有领导愿望，所谓领导愿望就是要有一种领导愿景，要有强烈的领导精神和责任感。本着将企业打造得越来越好的目的，本着充分发挥自己领导魅力的目的，使企业蒸蒸日上，这是每个企业领导者必须拥有的精神。

领导者必须正直诚实、处变不惊，能够随机应变。管理者需要知道自己的性格特点，扬长避短，这一点是很重要的。每个人都有自己的长处和短处，哪怕比尔·盖茨也有自己不擅长的地方，经营微软会遇到诸多问题，但是他懂得延揽有智慧的人才，抓住精英为其服务，把握市场的变化，所以才能多次在福布斯排行榜上遥遥领先。领导者要掌握自己的基本性格特征和兴趣爱好，有些人暴躁，有些人沉稳，有些人做事很细致，要对自己有充分的了解，才能有助于自信心的培养，而自信是动力和干劲的源泉，有了动力，便能在管理的路上发光发亮，做得更好更优秀。

接下来，说说管理者的长处在哪里。具备超常的行为能力、组织能力还是分析问题的能力？了解自己的长处将会使管理者明确目标，扬长避短。领导一个集体，或作为其中一员，应明确这个集体中有人具备弥补你自己弱点的长处。如果某项具体工作会使你处境尴尬，问一问同伴他会如何行事，或者干脆请一位能人代办。

避开那些易使自己弱点不断暴露的处境。应该明了，要完全隐藏自己的弱点是不可能的，有时我们不得不应付复杂的局面，或者从失败中得到启迪。

如果发现自己缺乏竞争力，或偏离了正确的方向，应更换工作，使一切重新开始。采取这一行动之前，须再三权衡，广求意见。

(二)轮到庄家,牌局能和吗

我想大家应该有过打麻将的经历吧,你是擅长呢,还是属于"菜鸟"的级别?不要失望,接下来虽然不是教你如何和牌,但绝对能让你从打麻将中窥知管理学问之一二。

牌局里设有庄家,庄家比其他三人有多一张牌的机会。而这张牌,从数学单概率的角度出发,庄家获胜的概率比其他三个人大了,庄家有更大的机会获胜,可是,我们都知道,庄家惨败的数不胜数。

这张牌等于比别人多了一个机会,抓住了你就赢了,抓不住你就输了。往深层次说,就是机会留给有准备的人,当机会降临的时候,你不应是手忙脚乱不知道如何接住它,而应是在机会出现之前做好准备,气定神闲地抓住机会一跃成功。打牌输得起,但人生是输不起的。如果给你一个机会,你接不住,那你整个人生都会发生改变,世界上是没有后悔药的,做错了就是错过了。

人生成功的秘诀是当好机会来临时,立刻抓住它。在竞争激烈、瞬息万变的当代社会,能有多少机会来到你面前?在机会来临之前,你必须要准备好自己,才能在激烈的市场竞争中占得一席之地。

古语有云,愚者错失机会,智者善抓机会,成功者创造机会。确实是这样,愚蠢的人机会到了面前也抓不住,拥有智慧的人就像马克,抓住了人们倾向于互联网交友,而创办了 Facebook,被人们冠以"盖茨第二"的美誉。成功从来不会无缘无故青睐于人的,机会只留给准备好的人,这准备二字,并非说说而已。一个明智的人要懂得如何去抓住机遇,把它变成美好的未来。要知道机不可失时不再来,同一个机会不会出现第二次。就像刘邦,当时正处秦始皇统治下,生不如死,焚书坑儒就是个契机,但是,如果刘邦没能抓住这个契机,带领一批民众子弟兵喊出起义的口号,他又怎能成为一代帝王呢?所以,必须要自己有所成,才能在机会来临时有所成就。轮到庄家时,你的牌局就会和了哦!

讲故事,说管理

金尾雏鸡和红尾雏鸡

金尾雏鸡和红尾雏鸡出生在同一个巢里,又被同一个猎人捉住,关在同一个鸟笼里。鸟笼小得可怜,但却可以享受各种美餐。红尾雏鸡饱食终日,身体变得臃肿不堪。金尾雏鸡规劝道:“咱们都是鸟类,应该学会飞行的本领啊!”“飞行?”红尾雏鸡嘲笑金尾雏鸡,“关在鸟笼子里,往哪儿飞?还是趁早死了那条心吧。”金尾雏鸡无奈地摇摇头,依然每天坚持在笼中练习飞行动作,把一双翅膀练习得强劲有力。红尾雏鸡则又垂下眼帘,独自舒舒服服地晒太阳。有一天,一个小孩子把鸟笼打开了,金尾雏鸡凭着一对强劲有力的翅膀迅速冲出鸟笼飞回了山林,而红尾雏鸡想飞却飞不动,仍被关在鸟笼里。

机会总是留给有准备的人,许多时候,人们面临着同样的机遇,要想不错过稍纵即逝的机遇,你必须练就一身能迅速抓住机会的本领。否则,即使与机会狭路相逢,也会白白地错过。

机遇在现代汉语词典里释义为:对人有利的时机、境遇和机会。在现在社会中,人们把有计划、有目的、有意识进行某项观察活动、实验时的偶然发现称为机遇,由此可见,机遇是客观存在的一种事物,它是认识机遇、驾驭机遇的总和。机遇具有偶然性、客观性和意外性。客观性是指机遇的存在不以人的好恶而改变;意外性是指机遇通常出现在人们有意识、有目的、预知的活动之外,机遇的时间性特别强,长则数载,短则稍纵即逝。

机遇是可遇而不可求的,我们必须善于抓住机遇。每一次机遇到来时都要拿出拼搏和应战的勇气来抓住它,这样才能在职场上一展身手。

(三)成功机遇,是增还是减

某企业家说过,在一定的条件下,枪射到天空,子弹是越来越少的,就好像机遇,用完了就没了,不可能时不时有大奖落在你头上,第一次没抓住,需要等待的时间会更长,第二次你还是没抓住,别人可能已经不信任你了,很少会有第三次机会,这时候成功的机遇是递减的。但如果第一次你准备好并抓住了机遇,创造了利润,取得了成功,你会在短期内获得第二次机会,随着你的出色表现你会更受上级的青睐,得到加薪、升职,同时也就有更多的机会,这时候成功的机遇是递增的。

打个比方,随着科技进步,信息产业和互联网的发展,促进了经济全球化,对我国物流业的发展产生深远影响,工业自动化也达到了一定程度,许多工厂里原本需要的人力逐渐被机器所替代,确实影响了那些失业家庭。人工职位不断减少必然导致一些民生问题,当那些工人陷入失业的困境,从某种意义上说是很不利的,但是一份工作的失去也能激励他们去找其他的工作,或许这也可以视为成功机遇的加法,不可否认,他们或许能在另一个平台走得更好、更远。还可以从另一个角度思考,机械化程度的加深,一个岗位自动化了,围绕这个系统的生产、维修和优化可以衍生出许许多多的岗位,这时候就给其他人提供了工作机会,在工业线上被解放出来的生产力可以投入服务等行业中去,促进服务业的发展,进而促进整个市场的繁荣。

我想说的是,事物是具有两面性的,机械化的发展一方面导致原有工人的失业,但另一方面也促进其他工人拥有了就业机会,从大的方面来说,促进了整个社会的发展,毕竟服务业作为第三产业对整个经济结构的优化也有极大的促进作用。所以,以一推其他,机会也是这样的,机会的得失也就是成功的得失,它也能使最后结果显得截然不同。《双城记》中有一句很经典的话:"这是希望之冬,这是失望之冬。"事物都有截然不同的两面,就要看你如何去利用它。有时候,一旦你抓住机会,出色地完成上级交代的任务,你就能够受到上级的器重,更多的机会会迎面而来,离成功越来越近。但是,如果你错失了机遇,领导就无法放心地将工作交给你,你只能一如既往地在原来的位置上待着,看着你的同事步步高升,你只是一个坐在办公室里为别人鼓掌的人,你将很少受器重,甚至不再有机遇,更悲观或者说实际点,不进则退,你的职位也会被降低,离成功越来越远。

打个比方吧,在某个大公司的面试中,工作人员特意将一个塑料袋放在门口,第一个面试者进来后,将塑料袋轻轻地踢到一边,便开始向工作人员进行自我介绍,出门时丝毫没有理会那个废弃的塑料袋;第二个面试者进来后也无视那个塑料袋;接下来的第三个,第四个……直到最后一个面试者,才把它扔进垃圾箱。于是,这个面试者被录用,得到了重视个人品德的部门经理的重用,后又被部门经理推荐给总裁,获得了不错的工作前景。

这是一个通过摆在面前的机遇获得成功的事例,从表面上看,这只是一个小塑料袋的事,但是一个企业的考量,则要求员工具有社会责任感和道德意识。最后那个面试者身上所折射出的美德打动了注重个人品德的经理,这时,他的成功机会有所增加。之后,通过经理对他的青睐,在日常工作中努力奋斗,得到部门经理的推荐,这就为他的职业发展提供了良好机会。而那些因为没有抓住机遇而导致失败的,也不胜枚举。项羽多次有机会杀掉刘邦,但一直没下决心,最后落得个乌江自刎的结局,完全错失了做一国之主的机会。

讲故事,说管理

山羊的影子

早晨,一只山羊在栅栏外徘徊,想吃里面的白菜,可是它进不去。

这时,太阳东升斜照大地。在不经意间,山羊看见了自己的影子,它的影子拖得很长很长。"我如此高大,定会吃到树上的果子,吃不吃这些白菜又有什么关系呢。"它这样对自己说。

远处,有一大片果园。园子里的树上结满了硕大的果子。

于是,它朝着那片园子奔去。到达果园,已是中午,太阳当顶。

这时,山羊的影子变成了很小的一团。"唉,原来我是这么矮小,是吃不到树上的果子的,还是回去吃白菜的好!"于是,它怏怏不乐地返身往回跑。跑到栅栏外,太阳已经偏西了,它的影子重又变得很长很长。

"我干吗要回来呢?"山羊很懊恼,"凭我这么大的个子,吃树上的果子是一点问题也没有的。"

在我们这个社会中的当代企业管理人也罢,经理人也好,或者说只是一名简单的企业员工,都犯了一个和山羊一样的毛病,看到地上的影子就觉得自己无比强大,放弃了自己脚踏实地能得到的利益。这时候你得不到果子,也吃不到白菜,你的成功机遇是零。上帝给了你吃白菜的机会,你却惦记着果子的丰硕,失败就这样来得轻而易举。

管理也是这样的,面对众多机会你要学会辨别,从辨别中去寻找有利于你的机会，你的目标，就是抓住能够让你成功的机遇，如何将成功一如既往地保持下去。是的，说这句话你肯定不相信，因为失败是无法避免只可减少的，但是海明威也说过，一个人可以被打败但是不会失败。所以，我想表达的是你可能会被打败，但是只要你心中认定自己是金子，那你就一定会发光。不要以为企业有了资金想做什么就能做什么，看到别的企业研发一种产品很成功，就盲目地去研发。在市场竞争越来越激烈的今天，市场的分工越来越细致，越来越专业化，作为企业的领导人，应该懂得在扩张企业和相应控制系统之间怎么样达到一个平衡点，让企业获得最大的绩效，如何“知止”，从根本出发，不去奢谈如何管理企业。

有很多成功靠的不单单是机遇，其他诸如资金、人脉、核心竞争力等因素也都影响着能否成功。但机遇足以称为影响成功的最重要因素。是金子总会发光的，但有多少人是在金子逝去后才发的光，我们需要机遇去早点实现成功，实现自己的人生价值。你需要抓住一个又一个的机会，才能使自己优秀一点，再优秀一点，向成功靠近一点，再靠近一点。

在扣下扳机前，检查好自己手里的枪，轮到你坐庄时，抓住那微乎其微的机遇，让自己做出一道成功的机遇加法，努力去做。想要成功，从现在开始。

三、知己，方能起航

（一）初始岗位，历练管理

所谓初始岗位指你毕业后最初的工作，因为很多人一开始找到的并不是和专业对口的工作。我们都知道，现在就业压力是很大的，很多大学生毕业之后都找不到工作，甚至只能做清洁性的工作。现在很多高校的就业率被视为考量办学定位和教学质量的重要标准之一，专业不对口，学生卖保健产品这样的事例并不少见。我有一个朋友，他是食品工程专业出身的，本科毕业后找了一份外贸公司的工作，担任业务员，每天他要做的事情很多，譬如打样、报价、订单、报检等。对于一个之前完全没有经验的人来说，他是读了几本贸易的书，凭着他过人的交际能力才在面试中获胜的。在这个陌生的岗位，他并没有因此而心生馁怯和不自信，他在那个公司待了三年。在这三年中，他接触了形形色色的人，遭遇过难堪，受到过上级表扬，其中也不乏经验教训的不断积累。而后他跳槽去了另一家公司做人力资源师。后来，我向他探寻成功经验，他跟我说，在做业务员时，他会接触到各种各样的人，慢慢地，能通过他们的穿着、谈吐、举止推断出他们的性格特征，对症下药洽谈业务。他在做业务员的过程中打开了自己，在实践中进一步提升了交流沟通的能力，他甚至做了一本外贸业务员须知百条，这是他初探管理的一步。也正是靠着这一步，他积累了人力资源师的实践经验，从而总结出理论经验。现在，他在他所在的企业占据人力资源部的重要地位，参与各种员工招聘、培训，甚至还去高校做讲座。

优秀或许就是这样的，一点一滴的积累才能使自己不断成长，永远不要小瞧目标岗位，如同千里之堤毁于蚁穴的道理，为人处事从底层开始，才能更加贴近实际，积累经验，以小事之积累成就宏伟目标。

在类似业务员这样的初始岗位，你所要学会的是如何历练自我、管理自我。管理大师彼得·德鲁克有一段很经典的话：管理者能否管理好别人从来就没有被真正验证过，但管理者却完全可以管理好自己。因此，不要觉得业务员这个工作无足轻重，或者觉得自己无法从中学到什么。无论是卖油的老翁，还是在路旁磨杵成针的老妪，都有值得我们学习的地方，更何况是在全球化的经济时代面向广大受众体的初始岗位呢！

讲故事，说管理

猫和狐狸

一只猫在森林里遇到一只狐狸，心想："他又聪明，经验又丰富，挺受人尊重的。"于是它很友好地和狐狸打招呼："尊敬的狐狸先生，您好吗？这些日子挺艰难的，您过得怎么样？"狐狸傲慢地将猫从头到脚打量了一番，半天拿不定主意是不是该和它说话。

最后它说："你这个满身花纹的傻瓜、只会追赶老鼠的家伙，你会什么？有什么资格问我过得怎么样？你都学了点什么本领？"

"我只有一种本领。"猫谦虚地说。

"什么本领？"狐狸问。

"有人追我的时候，我会爬到树上去藏起来保护自己。"

"就这本事？"狐狸不屑地说："我掌握了上百种本领，而且还有满口袋计谋。我真觉得你可怜，跟着我吧，我教你怎么从追捕中逃生。"

就在这时，猎人带着狗走来了。

猫敏捷地蹿到一棵树上，在树顶上蹲伏下来，茂密的树叶把它遮挡得严严实实。"快打开你的计谋口袋逃命啊，狐狸先生，快打开呀！"猫冲着狐狸喊道："你的千百种本领就这么给扔掉了！假如你能像我一样爬树就不至于丢了性命！"

这个故事告诉我们，在市场竞争和社会日益分工化的今天，你必须要有有所擅长的技能，和你一样具有能力的人很多，特别是在底层岗位。可能你会因一个善意的举动被总裁窥见而升职，可能你会因某一方面的擅长得到部门经理的发掘而被委以重任，但是你自己必须要有一种能力使你立于不败之地。这个能力就是管理。如何在初始岗位把自己管理好，把自己所做的工作管理好，如何将自己的实践经验折合成理论有效地管理起来，这些都是需要你不断去历练的。写小说是源于生活而高于生活，管理也是这样的，源于岗位而高于岗位。换言之，你在初始岗位做好本分内的事要有一种高瞻远瞩的目光，在历练中获得更多的如何管理自己的技能。

在初始岗位，首先你需要用结果去证明自己的价值，告诉你的上级你很优秀，你具有潜在的管理能力。在历练中其实你就是在积累职位的递升度，你用一种润物细无声的方式慢慢地将自己塑造成一个有能力的管理者，一个优秀的、可靠的、值得信赖的人。同时，你需要快速推进自己的工作，使自己的工作更富成效，在个人有限的时间内创造出尽量多的工作成果。要知道，工作绩效是一个极大考量，特别是对于初始岗位的员工。

重要的是，你要懂得归纳。在踏实做好自己业务的同时，归纳总结业务诀窍。在开展业务的现实体验中总结出可以反复使用的东西，可以提高效率的东西，把复杂的业务流程变得相对简单。对业务诀窍的总结，其目的是要让自己在尽可能短的时间内成为业务熟手，养成总结、反思的习惯。业绩不是无缘无故产生的，是由自身的知识、经验、技能，以及捕捉机会的能力、调动所处组织内部资源的能力来决定的，自我成就的持续是需要在自我提升的总结中升华的。完全复制别人的成功是不可能的,每个人都有适合自己走的路。然而这不等于说其中没有规律可循,只有在做事的过程中去运用、去感悟,才能真正学会这些东西。

初始岗位是很能接触“民情”的地方,你可以站在不同于管理层的角度,去看企业存在的不足,管理者有管理的短处,有则记之,无则学之,为自己之后可能到管理岗位如何做好自己的管理工作而打下坚实的基础。你会听到很多员工的抱怨、赞赏、不满等,这些都是你之后做出任何一项决定时可以考虑的因素。生活善待有心人,管理需要归纳者,工作不分高低贵贱,劳动者最光荣。只要你想变得更优秀,一直有一颗努力变得优秀的心,就能更好。

(二)目标岗位,明晰管理

小海毕业已经有年头,他曾就读于某大学的会计专业,最初卖电脑,在一个不足 10 人的小公司中当业务员,每天需要去小区上门推销电脑,工资很低,在上海这所大都市里面很难生存。之后做过保险,兼职过促销,就像流浪在大都市里的落魄者。辗转两年后终于进了一家建筑公司做小会计,这才达到了他专业的目标岗位。在做会计的三年中,他发现很多公司需要的专业知识有的在大学期间接触过,但有很多却是跟公司的实际状况息息相关的,因此,恶补遗忘的知识不是最重要的,更重要的是如何根据公司所需要的专业知识去对接自己,从而给自己充电。也是凭着这种认知,他避免了很多新手会犯的错误,在过了试用期之后已经很好地适应了公司的业务,同时,在之后的工作中比其他人表现得好得多,因此,很快地得到了上层领导者的肯定。

显而易见,此时管理已经上升了一个层次,不再单单是如何管着自己,而是从管理自己开始思考能够让自己更好的方式,或者说,找到更有利于自己的方面,有选择性地、更清晰地去认识管理。

打个比方,小丁从小到大的目标就是成为一名外贸公司的正式国际商务师,现在她终于如愿以偿。根据百度百科中的解释,国家商务专业人员实行职业资格制度,纳入全国专业技术人员职业资格制度考核,分为执业资格和从业资格,国际商务师为执业资格,是从事国际商务专业工作关键岗位的必备条件,外销员为从业资格,是从事国际商务职业的基本条件。

但她对我说起过,在做国际商务师的几年中她更明白了管好自己的重要性。因为需要很多的人脉支撑企业信息的来源。她慢慢地养成一个习惯,在名片背面写上有关他的信息。每次对方递来名片时,最好尽快地在名片背后添上对方的资料。其中必须添入的信息有"碰面的日期""场所""何事",以及"介绍人",除此之外,也可以添加对方在交谈中透露出来的信息。这样,能让你在再一次见面时,迅速熟络,营造良好气氛,到最后也就真很熟了。她提高自己的时间效率,甚至连堵车时间都必须考虑在内,她像海绵一样一直处于被挤压的状态。所以需要时常给自己充电,让自己获得更多的专业知识,让临场发挥能力变得更好,学习商务礼仪,使自己举手投足能给人一种信服感等。

讲故事,说管理

"大"与"小"

一个青年向富翁请教成功之道。富翁拿了3块大小不等的西瓜放在青年面前:"如果每块西瓜代表了一定程度的利益,你选哪块?"

"当然是最大的那块!"青年毫不犹豫地回答。富翁笑了笑说:"那好,请吧!”

富翁把那块最大的西瓜递给了青年,而自己吃起了最小的那块。

很快富翁就吃完了,随后拿起了书桌上的最后一块西瓜得意地在青年面前晃了晃,大口吃了起来。

青年马上明白了富翁的意思:富翁吃的瓜虽然不比我的瓜大,加起来却比我吃得多。如果每块西瓜代表一定程度的利益,那么富翁占的利益自然就更多。

在目标岗位就像吃西瓜,要使你自己有一个很好的发展,成为一个优秀的目标岗位的员工,就要去明晰管理,你是选择大的西瓜,还是选择更多的西瓜去占有更大的比例。换言之,就是你是专门为了升职而奋斗,还是去经营你的工作、你的人脉,熟悉你的上司,可能这些都没有你一个准确而唯一的目标——勤恳奋斗于工作岗位上来得实际。但是各种因素加在一起最后的总和肯定大于唯一的目标,最后离成才岗位更近的也会是诸多因素加在一起的。

管理宽泛但并不泛滥,在不同的岗位你会发现管理之于人的存在感也是不一样的,和在其位谋其政一样,在不同的职位,你得到的管理感受也是不一样的,从你所在的岗位上得到的历练也是不同的。在目标岗位上,你能不断地明晰管理,从这个岗位上获得不单单是这个岗位本身能带给你的东西,这是你既定的目标,这是你大学一直所想要进入的岗位,薪酬之外是兴趣,能够让你保持不断的动力持之以恒。千里之行,始于足下,万丈高楼乃一砖一瓦垒叠而成,成大事者是需要从小事开始做起的,目标岗位虽然职位不是很高,但是却能让你获益匪浅。你需要从不同的角度去准备自己、充实自己,使自己变得更优秀。

(三)成才岗位,完善管理

自我管理的第三个阶段,完善管理。

王明是一家五星级酒店的总经理,他拥有10年以上工作经验,8年以上酒店管理工作经验,说得一口流利的英语,毕业于某知名211大学的管理专业。按理说,他混到这个位置,应该过得很惬意,但其实却不然。在工作中,他发现,自上任总经理以来,他所拥有的个人时间更少了。本来也可以理解,毕竟新官上任,什么都要从头摸起,但这种状况足足维系了一年的时间,他的工作能力并没有得到董事会的认可。可幸运的是,王明是一个懂得思考善于反省自我的人,他发现自己经常和“基层”交流,也就是说他不是决策者,而成了对“基层”领导的工作直接分配者。意思就是,他的下一级没有很好的管理能力,如要将自己的思维转化成方案,则需要自己亲力亲为去落实,使自己从一个管理者变成任务的分配者。发现这一情况后,他再次分配任务并给予适当提示,对实在无力胜任的岗位经理予以降职,对平时工作表现优异的基层干部予以升职,从而打造了一个高品质的团体,现在他有了更多的时间打高尔夫、钓鱼等。

一个成功的管理者,不应该时刻处于紧张的状态,每天处理经常性的问题、基层性的工作。一个成功的管理者,他应该具有超乎寻常的工作能力,但更重要的是,他有高效率的方法,他是通过别人去管事,让整个企业处于一种井井有条的状态。

讲故事，说管理

力量的限度

有一个愚人颇有勇力，能挑150公斤的重担。

第一天，他试挑1公斤重的担子，健步如飞。

第二天，试挑10公斤的担子，仍健步如飞。

第三天，试挑100公斤的担子，还是健步如飞。

于是，他觉得自己的力气每天增长10倍，所以第四天让人给自己加上1000公斤的重量，结果硬是被压垮了。

一个人的潜能充分发挥前所表现出来的能力增长，不能简单地无限推论。在成才岗位进行自我管理时也是这样的，不可无限地高估自己的能力，毕竟你只有一个身体、一颗心脏，负荷不了太重的压力，对吧。

有位富家子弟，继承了父亲几个大企业的遗产。虽然一年从早到晚忙，企业却逐年亏损，不到几年，濒临破产。后来，他不惜重金聘请了一位企业顾问。这位先生劝他说："你每天早上，先把当天要做的事情按照重要、急缓程度列出来，排在前边的20%的事情，无论如何要做完；至于80%的事，看你的心情和精力决定是否去做。"他照办了，很快，企业焕发了生机，扭亏为盈，而他也比以前轻松多了。

忙绝对无法证明你的管理有效，很忙的管理者从某种程度上来讲也许就是不成功的。做具有创造性的计划者，先列必须做的事，再决定顺序；利用情绪良好的时段提高工作效率；感到效率低的时候休息三分钟，积极的修养是保持头脑清晰的最好办法；也可以以因数分解法使头脑清醒。提高你的效率，改变原先错误的管理方法，才能使你成为一个真正优秀的管理者。

日本近代有两位剑术家,一位是宫本武藏,另一位是柳生又寿郎。

当年,二十多岁的柳生又寿郎跑到宫本武藏那儿拜师。他问宫本武藏:“老师,您看以我的根基多少年可以成为一流的剑术大师?”宫本武藏说:“十年应该可以了。”他又问:“那我除了睡觉之外每天都勤奋练剑,几年可以成功?”宫本武藏说:“二十年。”柳生又寿郎非常不甘心,他又问:“那我不睡觉夜以继日地练剑,多少年可以成功?”宫本武藏说:“那样你早就累死了。”柳生又寿郎感到非常难以理解,他最后又好奇地问老师:“为什么我越努力练剑却离成功越远?”宫本武藏看了他很久,缓缓地说道:“要想领悟绝世的剑术,你必须留一只眼睛看自己。”

留一只眼睛看自己。我想,这是一句很容易惊醒梦中人的话,在进行企业管理时,在你作为人力资源部经理进行员工招聘培训时,在你作为采购组组长进行企业资源采购时,你必须时刻审查自己的行为是否违法乱纪,是否是站在整个企业的角度去创造最大效益,是否合理并妥当地安置了资源,是否体现了对整个社会的责任感……我想,这些都是需要你在成才岗位中学会的。毕竟,在这个岗位,你已不再是一个被领导者,而是一个领导者。作为一个领导者,你必须要有足以使你的员工信服你的人格魅力和实际能力。

完善自己、完善管理,站在你所管辖部门的立场上,总揽全局,览泰山之小,而阅人事之纷繁。如何将自己妥帖地放置在一个适当的角度去进行领导者的管理,这是一门需要耐心钻研和思量的学问。成长需要勇气和魄力,拒绝超出能力的成长,拒绝畏畏缩缩的企业发展模式,以重大决策都要在脚踏实地中做出的原则,让创造的奇迹在这片完善管理的土地上落地生根、发芽、结果。

四、自省，成功窍门

（一）对手出牌时：省对策

对于市场竞争，智库百科这样解释：市场竞争是指商品经济条件下，各个企业或经济利益主体为了争取经济活动中的优势地位和有利条件所进行的较量。在当代社会，市场经济下全球化速度不断加快，国家与国家之间的市场竞争，企业与企业之间的竞争，同行业之间的竞争，数不胜数，那么，我们在面对竞争对手出牌时，该怎么做呢？

众多建筑公司竞争一块土地的使用权，其中 A 和 B 两家建筑公司实力不相上下，最有获胜机会。两家公司在定价过程中一直反复推算在盈利基础上的最低价格，并多番打探对手的出价价格，不惜派出精英刺探“敌情”。最后 A 公司打了漂亮的胜仗，知道为什么吗？A 公司总经理在会议中场休息后发现 B 公司携带的文件夹标头颜色从深绿变成了浅绿，便得知他们将价格进一步往下压，A 公司果断更改竞标价格，将价格压得更低，最终赢得此土地的使用权。例子中，幸亏 A 公司的总经理发现 B 公司的招投标文件被更改，及时将报价压低而竞拍到使用权，这除了细致，更是有对策在。这位总经理在竞选中并没有自乱脚步，而是连文件夹这么小的细节都观察得如此细致，说明他确实具有某些众人所不具备却很需要的能力。所以，面对问题，要积极思考方法，结合实际，努力探寻，才能真正在对手出牌时立于不败之地。

1886 年，可口可乐在美国佐治亚州亚特兰大市诞生，自此便与社会发展相互交融,并不断激发创新灵感。目前,全球每天有 17 亿的消费者在畅饮可口可乐公司的产品。可口可乐公司大约每秒钟售出 19400 瓶饮料,目前为全球最大的饮料食品厂商。

百事可乐于 19 世纪 90 年代由美国北卡罗来纳州一位名为 Caleb Bradham 的药剂师所造,并于 1903 年 6 月 16 日注册为商标。它是可口可乐公司的主要竞争对手。

在 20 世纪 80 年代之前,百事可乐一直惨淡经营,由于其竞争手法不够高明,尤其是广告的竞争不得力,所以被可口可乐远远甩在后头。在面对可口可乐打出一张张漂亮的牌,占据越来越多市场的时候,百事可乐是如何回应的呢?

1983 年,百事可乐公司聘请罗杰·恩里克担任总裁,他一上任就把目光盯在了广告上。对软饮料而言,百事可乐和可口可乐的产品味觉很难分清孰优孰劣,因此,焦点便在塑造商品性质的广告上了。

为了确定自己的产品定位,百事公司做了一次市场调查。调查人员发现:当消费者在挑选软饮料时,他们实际上在做三项选择:首先,他们拿定主意喝软饮料,而不是果汁、水或者牛奶;其次,他们选择了可乐,而不是雪碧、七喜或者其他软饮料;第三,他们对百事可乐、可口可乐及其他可乐进行比较。同时,调查结果还表明,消费者认为百事可乐公司是一家年轻的企业,具备新的思想,富有朝气和创新精神,是一个发展很快、赶超第一的企业,不足之处是鲁莽,甚至有点盛气凌人。而可口可乐得到的积极评价是:美国的化身,可口可乐是“真正的”正牌可乐,具备明显的保守传统;不足之处是老成迟钝、自命不凡,还有点社团组织的味道。

随即,恩里克查阅了当年 BBDO(天联广告公司)接受百事可乐委托后写的一份名为《领带备忘录》的报告。其要点是:男人之所以花那么多时间和精力购买领带,是因为领带表达了买主的性格。领带并没有使买主对领带的制造商产生好感,但它使他对自己感到满意。所以,别吹捧你的产品有多好,而应吹捧选择了你产品的消费者。弄清楚他是谁,然后称赞这个人。

于是,恩里克决心选择青少年作为自己产品的形象,年轻人充满情趣,令人振奋,富有创新精神,正是百事可乐生机勃勃、大胆挑战的写照,他决心重新启动 60 年代“百事的一代”这一广告战略。

经过与广告代理公司 BBDO 的多次接洽,最终将“百事可乐:新一代的选择”作为广告主题。围绕这一主题,BBDO 为百事创作了许多极富想象力的电视广告,如“鲨鱼”“太空船”等。这些广告,针对第二次世界大战后高峰期出生的美国青年需要独树一帜的消费方式、独特的消费品以便鲜明地和老一代划清界限的叛逆心理,提出“新一代”的消费品位及生活方式。结果百事可乐的销售量扶摇直上。

1994 年,百事可乐又投入 500 万美元聘请了流行乐坛巨星麦克尔·杰克逊拍摄广告片。此举被誉为有史以来最大手笔的广告运动。而且调查表明,这也是有史以来最成功的广告片,这部广告片开播不到 30 天,百事可乐的销售量就开始上升。

从广告攻势看,百事可乐一直保持着咄咄逼人的进攻优势。同时这一攻势集中而明确,都围绕着“新的一代”而展开,从而使广告的进攻具备极大杀伤力。第二次世界大战结束时,可口可乐与百事可乐市场销售额之比是 3.4∶1;到了 1985 年,这一比例已变为 1.15∶1。

企业领导者对企业经营影响重大,在面对竞争对手发起进攻时,千万不能放弃,也不能一成不变,或者太过激进,要稳扎稳打,给竞争对手致命一击。

(二)事业成败时:省思路

有好便有坏,有成功便有失败,有资产过亿的富豪,也有靠东凑西补经营企业的经理人。事物都是具有两面性的,正的反面是负,事业有成功就会有失败,该做的是去思考,如何化败为胜,如何让胜利保持得更持久。

毫无疑问,马云是一个成功且非常著名的企业家,但其实谁都遇到过失败,马云亦是。阿里巴巴的创建史具有传奇性,但在创业之初其经济状况也是极其困难的。1999 年,马云召集了 18 个人在他的公寓里开会。他讲完构思后,让大家出资掏腰包凑钱办网站,当时凑了 6 万美元,就是创建阿里巴巴的第一桶金。当时,阿里巴巴基本上是一个“三无”企业,无资金、无技术、无计划,每一分钱都需要用得非常仔细,公司的办公地点就是马云的公寓。但很快,阿里巴巴遇到了更大的难题,由于扩张太快,又遇上互联网泡沫破裂,到 2002 年,阿里巴巴拥有的现金只够维持 18 个月,阿里巴巴网站的许多用户都在免费使用服务,马云他们根本不知道如何获利。

马云说:“当你的力量还很渺小的时候,你必须非常专注,靠你的大脑生存,而不是你的力气。”他们根据这个现状,发动思维,开发了一款产品,为中国的出口商和美国的买家牵线,这个业务模式使他们在 2002 年底实现了 1 美元净利润,终于跨过了盈亏平衡点。

事业总有成败,秉承的该是胜不骄、败不馁的心态,运用自己的大脑,发挥主观能动性去解决困难,改善困境,这才是获得成功的窍门所在。

联想的发展也令人惊奇。2002 年,联想仅仅完成了 192.7 亿港元的销售量,比预定的 260 亿元人民币的目标差了 20%多。

2003 年情况仍然不好,只完成了 202.3 港元的销售收入,仅比上一年提高了 5%。在三年的时间里,联想只累计完成了 50%的销售增长、26%的利润增长。

柳传志给公司全体员工写过一封信。信中体现企业领导人的重要性,领导班子的决策是与企业的生死存亡息息相关的。在面对企业事业成败的时候,要及时探寻新的出路,是坚持多元化还是专业化?是主攻 PC 业务还是发展多元化业务?这些都需要根据企业的自身经营状况,分析各种数据、资金、硬性条件。在事业面临失败时,要及时考虑思路转型。

(三)风雨欲来时:省转型

在扬州的文化创意产业园里,有一座粉红色的"公主城堡"。"城堡"的主人叫李定,他成功地将传统玩具制造业嫁接动漫创意产业,打造出被誉为"中国芭比"的玩具,他同时也是童装品牌"笛莎"的创始人。

当时,在人民币升值、出口受阻的内外交困之下,传统玩具产业转型升级已经刻不容缓,但该如何转变,多数企业仍在徘徊之中。李定却通过自已的探索和打拼,设计了一条传统产业与文化创意产业相结合的发展之路,为国内众多的玩具和动漫企业闯出了一条新的成功之路。

李定是典型的中国富二代,家里有一家玩具厂,被视为含着金钥匙出生的少爷。他一开始被家人劝着去自家厂里工作,但是,没过多久,他辞职不干,在扬州大学附近开了家网吧,一年后,居然将网吧发展成扬州市区最大的网吧之一。就在很多人以为李定会选择继续扩大网吧规模时,李定却意外地将网吧转给了别人,再次回到玩具厂。

“网吧不是我的梦想,当时虽然没有很成熟的项目,但觉得父亲的玩具企业有很大的改进空间,于是我向父亲提出要100万元自己创业!”他如是说道。开明的父亲最终被说服。经过调研,李定决定对父亲的玩具厂进行升级,将一直以来的绒毛玩具产业改成当时东南沿海地区流行的塑胶玩具。李定以双倍薪水从深圳挖来7位技术人员,随着试制完成,塑胶娃娃在市场上取得了很大的成功,第三年产值就突破了500万元,利润也比毛绒玩具高了不少。在一段时间里,身着各种鲜艳服饰、形态各异的塑胶娃娃就是笛莎娃娃的标准形象。

李定认为,每一个成功的玩具品牌背后都有一部动画作品在支撑。动画片就像一支长广告,将该玩具造型深入每个孩子的心中。从变形金刚到芭比娃娃,到迪士尼的每一个动画角色,无一例外。于是,创作以笛莎娃娃为原型的动画长片作为企业文化核心的大胆想法冒出来了。敢想就敢做,李定请来了深圳一家动漫公司负责创作。2007年初,动画长片《笛莎日记》第一部40集制作完成,这在国内可谓是开创了玩具企业拍摄动画片的先河。

可惜造物弄人,由于动漫创作烧钱的速度远远大于塑胶娃娃产品销售的速度,加上《笛莎日记》的内容为成人视角,孩子的接受度并不高。因此笛莎娃娃的整体形象定位,以及由此延伸出的完整产业链概念并没有快速形成。《笛莎日记》没有一炮打响,前些年赚的钱也亏了不少。

受阻后,李定没有气馁,他发现国内女童服装是一个巨大的市场,且缺乏标杆性品牌。因为在国内,只有童装概念,却没有只针对女童的“女童装”概念。

李定坦言,正是因为家有一女,让他和妻子有了专做女童品牌的灵感。每一对父母，都会把自己的女儿视如公主，于是，“笛莎公主”的创意油然而生。“每个女孩都是公主。”这是李定和妻子在一次出差途中灵感乍现想出的一句广告语，它很好地诠释了“笛莎”文化的精髓！作为一个女孩的父亲，李定深知，父母购买任何礼物，都是基于对女儿浓浓的爱。有了这个创意，李定豁然开朗，也有了明确的创业方向。2009 年，李定组建了新的团队，并力邀国际著名服装品牌“衣恋”(ELAND)创始人之一、韩国著名设计师朴龙奎及其设计团队“Rainbow”担纲首席设计班底，公司重新起航。

笛莎在 2010 年之前，主要是以实体店经营为主，期间因为品牌知名度不响，进商场，商场不认；拓展门店，没有那么多实力。笛莎的发展一时遭遇了“瓶颈”。

一个很偶然的机会，李定在北京与几位朋友聊天，说到电子商务行业的良好发展态势，李定不禁动起了心思。在此之前，“笛莎”有一个网络商城，但是投入不多，收效也不大。这一次，李定决定要以全新的眼光重新认识电子商务这个平台和渠道。2010 年 8 月，李定带领公司 4 位高管前往淘宝网考察，与管理人员深入交流到深夜，现场看到了淘宝的后台数据。第二天，李定回到扬州就做出了整个公司进行转型的重大决定，公司的资源调配全部以电子商务为主，他对“笛莎”开展电子商务的总体定位是立足淘宝、覆盖全网。自 2011 年初进驻淘宝之后，“笛莎”开始全网覆盖。2012 年，在中国电商 TOP10 中，“笛莎”已进驻 7 家。

通过向产业链“微笑曲线”两端挺进，全力抢占品牌、研发设计、物流等产业链高利润环节，2010 年 8 月，“笛莎”刚上线销售额就达到 20 万元，2011 年已经突破 1.37 个亿，2014 年则达到 3 个亿。李定“利用所有可能的出路塑造品牌”的理念得到了新的实现途径，为“笛莎”的品牌运营开辟了一条全新的道路。

带着这个“公主梦”,一座粉色的笛莎城堡屹立在了今天的扬州创意园。步入这座粉色的城堡,公主气息扑面而来,无论哪个办公室都是粉红的色调,墙面上贴着员工 DIY 的富有童趣卡通感觉的海报,连原本生硬严肃的绩效考核也用贴小星星或者小太阳的方式进行。李定介绍,笛莎的员工平均年龄 26 岁,是一个非常年轻的团队,在这样童真童趣的环境下工作,每一位员工脸上都有着孩童般的喜悦。

“简单的执着”是李定用了 10 余年的 QQ 名;“拥抱变化”是李定为“笛莎”设计的企业精神之一。两句话似乎有些矛盾,不过李定认为,两者的交汇统一才是自己事业能够顺利发展的根由,不断地创新变化和及时地转型是笛莎发展的“原动力”。

常言道:“做事一定要胆大心细。”这句话看上去很有道理,实际上等于没说。为什么呢?因为谁都想做到胆大心细,但是,一旦遇到了问题,胆就是大不起来,没有决心和信心,这是因为你自身的本事不够。另一句名言说得好:“艺高人胆大。”所以,我们只有认真了解自我,并不断地反省、不断地学习、不断地完善和提高自我,自信心和本领才会提高。

管理重心：聚焦人身四扇门

据说，每个人身上都有四扇门。只要把这四扇门全部打开，就会拥有幸福的人生，成为成功的人士。

人身上有哪四扇门呢？它们是情门、财门、健门和慧门。

如何打开这四扇门，用古语来说就一个字："修"！中国传统文化讲，修身、齐家、平天下。

有些修身人士则是用释、儒、道、易来打开人身四扇门。万法由心（佛），由慈悲心换取凡（烦）心，开启情（心）门；顺应社会（儒），君子爱财，取之有道，开启财门；道法自然（道），天人合一，开启健门；把握宇宙（易），我命在我不在天，开启慧门。

如何进行自我管理，关键就是要打开自身的四扇门。人身四扇门有一扇没打开，人生就不能算是完美的。

打开人身内在的四扇门，才能更好地管理自己，才会让人生更出彩。

本章主旨

由于管理的诀窍是从自身开始，所以，管理的重心也在人的身上。欲做好管理，重心其实是人身上的五个点，最中间那个点是一个命字。这个“命”是否通畅，关键在于围绕“命”的四扇门能否全部打开。

第一扇门是情门，就是感情，感情首先是和父母的感情，如果和父母的感情都处理不好就要反思了，因为父母亲对自己的孩子都是无私的。

第二扇门是健门，健康是一个人的根本。尽管健康不是唯一，但是如果没有了健康，那就什么都没有了。

第三扇门是慧门，智慧的大门，没有智慧，赚钱也是偶然的，是守株待兔，瞎猫碰到死耗子也有，但是到最后还是会没有。

第四扇门是财门，要推开财门，就必须善于聚财、精心理财、奇招用财，像范蠡那样出奇制胜。

如果我们通过管理，把自身上的四扇门都打开了，你一定会成功人生、幸福人生！

一、何谓门

原先本没有门，有了防御，才有了门。

每个人都在门里或门外，都需要找到自己的位置。

门内的人想尽办法跨出门，门外的人则千方百计地进入门里，就这样，进进出出，循环往复，无穷尽矣。

一个人从呱呱而坠到命归黄泉，不知要跨越多少门槛，经过几多关隘，有形的与无形的，封闭的与敞开的，这似乎是命中的“劫数”，无可避免。

“门”这个字我们太熟悉了，但当问起什么是“门”，还真不好回答，让我们听听你、我、他的理解。

门，是一种玄妙的存在。

在博大精深的佛学中，有这样一个概念——“遁入空门”。这里，“门”本身已经成了一个玄妙的领域，在此领域中，“门”本身就是殿堂。

门，是一道屏障。

敞开的门能容纳整个世界，就像河床容纳河水；关闭的门则把自己与世间隔离，好似“坐井观天，曰天小者，非天小也”。

门作为一道屏障，引导人们从叩门的迟疑进到推门而入的惊喜才是它存在的真正意义。除了房门，每个人心里都有一扇透明的不同的心门。心门的阻挡是有选择的：一个真诚的声音往往可以叩开他人的心门；相反，四处碰壁的人则要反思一下自己的诚意了。心门是必要的，但若仅仅关注内心的感受而与外界隔绝，生活将会失去光彩。

门,早已超出了它在辞书上的概念,成为一个伟大的别名。

当我们走过一扇扇高雅的、华丽的、辉煌的、雄壮的、朴实的门时,我们知道,作为人类的我们所做的一切,都有见证者。

当拿破仑的铁蹄踏过巴黎的长街,当李世民的金戈在长安的皇城下挥动,当织田信长在安土城振臂高呼"天下布武",当海格力斯之柱在大西洋尽头划分开未知与已知的世界,门,在人们心中成了一种不朽的象征。

当人们立下惊人的丰功伟绩,门可作为丰碑与见证。因为,门意味着过渡与转化。当我们置身于耶路撒冷所罗门神殿高大的拱门之下,比任何地方更能感受到一千多年前守卫信仰的圣堂武士们的光荣与骄傲。

历史的长河在我们脚下奔流。一座座门,从迈锡尼的雄狮到高耸入云的克劳岱,门像航标塔,更是分水岭!

人类用墙将自己与世界隔离,又用门把自己与世界连通。一扇已知的门是一种召唤,一扇未知的门是一种诱惑。门是连接两个不同空间的纽带。走过一扇门便是一次挑战。每当我们跨过一扇门,便意味着要面对一个陌生的空间。中国皇城城门的门洞可长达百步,目的正是让人们从门下走过时,心理有一个适应的过程。

在中国的汉语中,关于门的词语太多太多,而用"门"来形容和比喻世间的思想和意识最准最妙,所谓看个"门道",找个"门路"也正是今日国人的某种追求。我们每天总是从一个门进,再从另一个门出,在不同的门与门之间寻找各种可用的关系和资源,铺设着各种可走的捷径,搭建起层次不同的利益台阶。在现实与虚无、有形与无形、物质与精神的空间里演绎着门的故事。

二、打开情门

（一）何为情门

情门就是感情之门。感情首先是和父母、和亲友、和老师的关系，如果和父母的感情都处理不好那就要反思了。因为父母亲对自己的孩子都是无私的。怎么样搞好亲戚朋友的关系？如何打开心门呢？

一是要有感恩的心，只要你有一颗感恩的心，你才能开启情（心）门。

二是情绪稳定，心境良好。情绪稳定与心理愉快是健康的重要标志。情绪稳定、心理愉快表明一个人的中枢神经系统处于相对平衡状态，喜怒无常是心理不健康的表现。

三是具有较为坚强的意志。行动的自觉性、果断性、坚韧性和自制力是意志坚强的重要标志。自觉性是指人在行动时意志自主自觉，相反则是被迫盲从；果断性是指遇事当机立断，相反则是优柔寡断；坚韧性是指知难而上、不屈不挠、持之以恒，相反则是虎头蛇尾、半途而废；自制力是指能控制自己的情绪、言谈和行为，当行则行，当止则止，不感情用事，相反则是任性和懦弱。

四是人际关系。正常良好的人际交往不仅是维持心理健康必不可少的条件，也是心理健康的重要标志。人在交往中获得友谊、愉快和满足，从而对生活充满希望。如一个人不愿接触人，往往是心理不健康的表现。

五是行为的谐调。心理健康的人，言谈举止谐调、有条不紊、落落大方；而心理不健康的人做事常常反复无常、朝三暮四、自相矛盾、有头无尾,语言支离破碎,思想纷乱,注意力不能集中。

六是反应适度。反应是指人对外界刺激给予的应答。人的反应存在着个体差异。有些人反应过敏,对小事斤斤计较,对一句话乱猜疑,稍不如意就发脾气,稍遇挫折就无法容忍,这些都是情门未开启的表现。

(二)如何打开

放飞心情。你可看到天是蓝的、水是碧的、草是绿的,一切都是那样美好;舒展一下你多日的愁容,给心灵放个假,让心灵得以慰藉。

保持平和的心态。使自己的心灵得以升华和超脱,花落时忘却,花开时快乐。不能拥有,就把手放开,静下心来听风吹,观云飘。用慧眼去发现并享受生活中点点滴滴的快乐。

做自己命运的主宰。积极参与并合理处理生活中的矛盾或冲突;不断丰富生活经验;面对一种情境要力求有多种考虑和选择方法,把变化看成学习的机会,学会应付变化的环境,并锻炼情绪的可塑性。

充满自信。自信是成功的前提,也是快乐的秘诀。唯有自信,才能在困难与挫折面前保持乐观,从而想办法战胜困难与挫折。"自信人生二百年,会当水击三千里。"或许有人说,我又何尝不想自信呢?可就是自信不起来啊。是啊,怎样才能使自己自信起来呢?我想,还是让我们多看自己的优点、长处,多发现、发掘自己的潜能吧。俗话说得好:尺有所短,寸有所长。每个人各有所长,各有所短,每个人都有自己的无限潜能。人不能光盯着自己的缺点、短处和现在,而要学会欣赏自己,多看自己的优点、长处和未来。不要总拿自己的缺点跟人家的优点比,那样真是人比人,气死人。一定要学会赏识自己、悦纳自己、勉励自己。要想办法让自己自信,自信就能快乐,快乐就能发掘潜能,就能高效。所谓快乐，越快越乐，越乐越快。形成一个良性循环，就不难拥有良好的心态。

学会调节生活。生活是千变万化的，悲欢离合，生老病死，天灾人祸，喜怒哀乐，都在所难免。一次考试的失利、一场伙伴的误会、一句过激的话语，都会影响我们的心情。生活中的不顺心事总是很多，这就需要我们每个人学会调节自己的心态。怎样调节呢？最简单有效的做法——用积极的暗示替代消极的暗示。当你想说“我完了”的时候，要马上替换成“不，我还有希望”；当你想说“我不能原谅他”的时候，要很快替换成“原谅他吧，我也有错呀”，等等。平时要养成积极暗示的习惯。要对自己说“我能行”“太好了”。如果把这两句话变成口头禅，那真是太好了！是的，一定要学会积极暗示，光明思维，换位思考，多角度思考。冬天到了，春天还会远吗？黑夜的尽头是黎明。不经一番风霜苦，哪得梅花扑鼻香？

学会宽容。一个人心胸狭窄，只关注自己，就容易生气，闷闷不乐，斤斤计较；而当胸怀宽广时，就会容纳别人，欣赏别人，宽容别人，自己的心境也就能保持乐观，所谓“退一步海阔天空”“仁者无敌”。伟人们之所以伟大，首先在于他们有宽广的胸怀。蔺相如宽容了廉颇，才有了“刎颈之交”、赵国之强；共产党发动了全国统一战线，才有了新中国的成立；老师只有宽容了学生，才能想出更好的教育方法，才会享受到“桃李满天下”的芳香。让我们善待每个孩子，深切地理解每个人，相信自己，也相信别人，严于律己，宽以待人，胸怀祖国，放眼世界。这样，我们一定能保持良好的心态。

学会幽默。良好的心境终究源于成熟的自信和丰富的人生阅历。祝愿你在不断的努力和进步中，渐渐抛却“成长的烦恼”，最终拥有这样一份心境。要学会使用幽默，不要把失败、尴尬、僵局、被动看得太重，要追求那种“谈笑间，樯橹灰飞烟灭”的风度。

学会自我解嘲。当一个人的追求得不到满足时,为了减少内心的失望,找一个冠冕堂皇的理由用以安慰自己,就像狐狸吃不到葡萄说葡萄酸的童话一样,这被称作“酸葡萄心理”。与此相反的是“甜柠檬心理”,即用各种理由强调自己所拥有的是好的,以此冲淡内心的不安与痛苦。这种自欺欺人的方法,偶尔用一下作为缓解情绪的权宜之计,对于帮助人们在极大的挫折面前接受现实,接受自己,避免精神崩溃不无益处。

决定人心态的是人的理想、人生观、世界观。如果一个人具有远大的目标,正确的人生观,胸怀宽广,执着进取,挑战自我,不屈命运,坚信自己,积极思想,那么,他一定能保持良好的心态,拥有美好的人生。

心境是一种比较微弱、持久、具有渲染性的情绪。人随时处在某种心境之中,只是不一定被我们所意识到罢了。心境的不同,对生活的方方面面都会带来影响。如果心境愉快,就好比戴上了玫瑰色的眼镜,看什么都是喜气洋洋的,使人振奋乐观,朝气蓬勃;可如果心境不佳,眼镜就变成了灰色,觉得一切都惹人生厌,使人颓丧悲观、灰心丧气。引起心境变化的原因是多方面的。个人生活中的重大事件,事业的成败,工作、学习的顺逆,与周围人们相处的关系好坏,以及健康状况等都可能引起心境的变化。

讲故事,说管理

以情感人

中央电视台春晚“千手观音”已成家喻户晓的经典节目,而后中国残疾人艺术团亮相人民大会堂舞台的“我的梦”作品Ⅲ,又推出一个因缺手而令人惊叹的新舞蹈《快乐的一天》——八位没有手臂的青年以灵巧而坚韧的足姿和怦然跃动的节律，将最平凡的生活语言，勾画成一幅快乐的画卷，谱写了一首自信的诗章。

来自广西蒙山县的无臂青年汤展中，今年24岁。当他呱呱坠地时，家人却发现他是一个没有双臂且严重畸形的婴儿，甚至有一些亲友无奈地建议将他遗弃，而他善良的父亲在经历了两个月的痛苦挣扎之后，决定把他抚养成人，至今想起来，仍不免令人心酸。

这个舞蹈组合其他七位青年致残的原因都是高压电击。他们每一个人都有一段令人扼腕痛惜的惨痛经历。虽然当时只有4岁，但来自广西的韦松宁依然刻骨铭心地记得，那天，他和小伙伴去采枸杞子，意外地发现高压电的变压器上有一串红红的枸杞子，他连忙钻过蓬乱的篱笆，欣喜地伸出稚嫩的双手抓去……

然而，他们没有被命运征服，在"我的梦"作品Ⅲ创编中，他们走进了中国残疾人艺术团的大家庭，生活翻开了崭新的一页。

记者在采访他们时惊奇地发现，虽然无臂，但他们的生活同样充满阳光，靠自己坚韧而灵巧的腿脚，创造了常人难以想象的奇迹：不但生活都能自理，而且挑担、撒药、采摘、收割这些农活也全都不在话下。

除了生活与劳动技能，他们在事业上取得了骄人的成绩。今年24岁的汤展中，在广西艺术学院完成了本科学业，现在职读研，他从6岁就开始学习书法和绘画，经过名师指点，先后在国内外200多家报刊上发表作品，在全国和地方书画比赛中荣获30多个奖项，并获得联合国教科文组织颁发的大奖，曾两次被评为"中国百名好少年"，还出版了《双脚写人生》一书。

在日常生活中，他们兴趣广泛。韦松宁喜欢唱歌，一曲下来，常常赢得热烈的掌声；他也喜欢打台球，常常以不俗的技巧博人喝彩。来自山东的高学敏百米速度达到十一秒八，在全国残疾人体育比赛中多次获奖。他们还有不少令人咋舌的绝活:游泳、骑自行车、玩电脑、开汽车。

尽管他们的经历、文化程度和家境等条件不尽相同,但心理状态却颇为接近,那就是建立在自信和知足基础上的乐观与平和。用汤展中的话说,快乐不止是一种情绪,而是一种境界!

缺少双臂,对于舞蹈的展现是一个特别的挑战,变不可能为可能,对特殊艺术的创新又是一次机遇。著名编导张继钢在构思这个舞蹈时强调:生命有惊人的潜质和代偿功能,健全人不能做到的,残疾人依然能做到,舞蹈需要充分表现脚的韵味、脚的神奇、脚的张力。

千里之行,始于足下。根据编导的要求,排练老师陈佳慧制定了一套"玩足"的训练计划,并开始了超强度的封闭性排练,八位演员练得腿脚抽筋、汗流浃背都毫不气馁。在单调而枯燥的训练中,他们渐渐领悟了艺术的魅力与快乐。一次,瑶族小伙子罗相军合着优美的乐曲练习用双腿看书的动作时,眼泪流了下来,老师赶忙问他是不是想家了,他摇了摇头,发自内心地说:"今天我感到我的梦实现了,舞台展示了我生命的尊严。"八位无臂舞者面对着排练厅"分秒必争,秒秒精彩"的标语牌,向记者表示:"我们一定要把最好的节目展现给观众,向第十四届国际残疾人日献上厚礼。"

三、开启健门

健门是健康之门。而健康是一个人的根本,拼命读书,但是眼睛要保护好,近视了生活不方便,很多事情都做不好。比如,有些人早上不吃早饭,其实是消耗自己。《黄帝内经》讲,人可以活到成长期的5倍,什么意思呢，就是最低能活125岁。现实中人为什么活不到125岁呢？两大原因：第一是失衡，精神失衡，运动失衡，饮食失衡。久而久之加速减法。就像在杯子里的水，一开始灌水没感觉，直到有一天，再滴一滴都会满出来。所以，辛辛苦苦打拼，辛辛苦苦赚的钱都给了医生，没有了健康，什么都没有，就像爬山、爬楼梯，想爬却就是上不去，身不由己，因为健康出问题了。第二是污染，水污染，空气污染，等等，一些毒素就会乘机进入人体，危害健康，这就需要养生。道家是怎样看待养生呢？人法地，地法天，天法道，道法自然，自然才是最高的。打开健门的方法一是恢复平衡，二是排毒和尽可能避开污染，另外还要注意健康的八大要素。

(一)崇尚平衡

心态平衡。要说养生延年，心态平衡是第一要义，是先决条件，至关重要。佛学教诲曰："一切唯心造。"世界万事万物都是由人心造作而成的。心系种种，真心唯一。俗话说："心好人好，秧好稻好。"朴素的"平常心态"，就是做好本职工作，生活平淡，家庭和睦，心安理得。常用"清贫常乐"鞭策自己。平时心中装着古代圣哲孟子的教诲："贫贱不能移，富贵不能淫，威武不能屈。"老子《道德经》曰："道可道，非常道。"道是宇宙的本源、人生的本体(即本性)。古圣养生，"庄子踵息法""因是子静坐法""膏肓的秘诀""太极抱球"伦理道德等，阐述了人生长寿理念和养生方法。大道自然而然，心清则明，神清则寿，这才是养生的真理。心底无私天地宽，天道无私无畏，地道无限宽容，人道无私与宽容，一切从心做起。

均衡的营养。要达到营养均衡，就需要注意日常饮食习惯，注意合理饮食的六个方面：(1)食物多样化；(2)多吃蔬菜、水果和谷类食物；(3)选择低脂肪、低胆固醇的食物；(4)少吃盐、糖；(5)尽量避免过量饮酒;(6)尽量避免吸烟。合理饮食对健康的影响是长期的,均衡膳食需要平时养成习惯,并坚持不懈,才能充分体现饮食对健康的重大促进作用。

运动养生。动则养身,静则养心。无论在工作、生活、学习中都要有动有静,动静相济,练养结合,方能得益。以哲学二元论而言,对立统一,和合而生,生生不息。"养生要旨,食气为本",每天坚持晨练,逆腹式呼吸,吐故纳新。我国中医圣典《黄帝内经》"上古天真论"篇曰:"恬淡虚无,真气从之,精神内守,病安从来。"在练动功的同时又练静功,动静相济。每天静坐2～3次,每次时间约1小时。闭目不思,静养身心。古时人类劳动者,遇上劳累和疾病,无医又无药,即闭目不思,养生保健,休养生息,以待时日,消除疲劳,自然疗疾,得以康复,是谓古为今用的良师益友。外静内动,内气行运,气血调和,阴阳平衡,百病不生。坚持锻炼,持之以恒,久而久之,养生益寿。

(二)珍惜有"1"

人生往往有很多不尽人意的事情发生,那就是身体已经发出了最后的警报,这时人们才意识到身体的重要,但是一切都为时已晚。确实,没有一个好的身体,你怎么才能更好地工作啊?有什么也不如有一个好的身体,相对于金钱、名誉、地位,等等,只有身体好才是第一位的,"皮之不存,毛将焉附?"朋友们,不要每天只顾着工作,而忽视了对身体的调养,适当的时候放松一下,让你的精神和身体有一个恢复的时刻。

贾岛的"苦吟"表现天才刻苦的一个方面,天才数学家拉玛努真何以只活了33岁?鲁迅如果不嗜烟,他的寿命一定会更长。"开夜车"是一种极不合算的做法,"中年早逝"的背后是没有真正重视知识分子的身体状况,知识分子的身体素质应该是国家可持续发展战略中的一项宝贵的资源。

珍惜有“1”的一个重要途径就是注重排毒。要遵守自然规律，科学调配作息时间。养成良好的嗜好，减轻或清除不必要的污染。

（三）健康的八大要素

要健康就必须讲八大要素，其框架如图 3-1 所示。

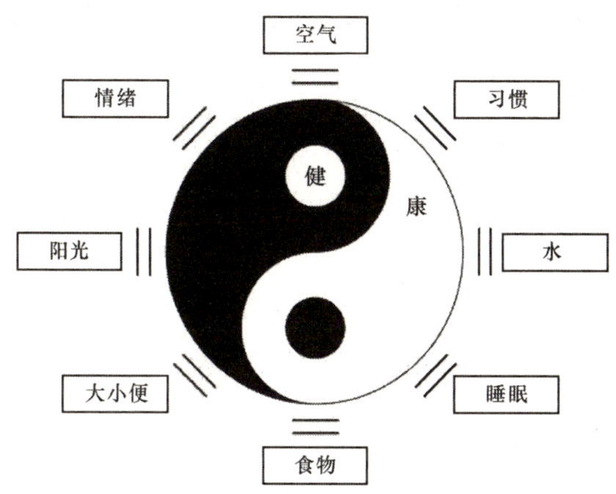

图 3-1　健康八大要素示意图

健康的八大要素：(1)空气；(2)阳光；(3)水；(4)食物；(5)情绪；(6)习惯；(7)睡眠；(8)大小便。我们每个人如果都能关注这八大系统，健康问题就基本解决了。

四、敲开慧门

（一）解困惑人生

“我命在我不在天”，出自东晋著名的道教学者及医学家葛洪之口，这是说一个人的命运寿限掌握在自己手中(即心识中),不必在外求之,命可自己左右。儒家说“生死有命,富贵在天”,一切都是由命里定的,听天由命。这在社会人群中说法各异,有待释疑。这就要在中华古典文化中去探究真谛。人类寿命有长有短,究其原因,不外乎因缘关系。张三高龄,李四短命,以理论说,是有前因后果的,常言道“万物皆空,因果不空”。人的寿命是有定数的,也是可以改变的,这是人们认可的客观自然规律。《三字经》开头曰:“人之初,性本善。性相近,习相远。”即是说,无论天南地北,人的本性都是一样的,但是人的习性是千差万别的。究其原因何在?人领受其社会、家庭、工作、环境、生活等的影响,也有其前因后果的因缘关系。所谓前因后果,是说人生存于社会中,有宿世的因今世的果,因果不假也不欺人。众所周知“修行”,所谓修行,就是要修正自己错误的思想理念和言行作为,规范自己,为人处世多做好事,种下善因果报。古代经典《易经》坤卦辞曰:“坤道其顺乎,承天而时行。积善之家,必有余庆,积不善之家,必有余殃。”《易经》又曰:“厚德载物。”这是古代圣人教诲炎黄子孙做人的道德准则。

一位年轻的商人被搭档出卖,人财两空,痛不欲生,想跳湖自尽。他在湖边碰到了一位观水静坐的智者,便将自己的境遇逐一细述。

智者微笑着将他带回家中,令其从地窖里搬出一块偌大的坚冰。商人虽然百思不得其解,但还是照做了。冰块搬出来后,智者吩咐:“用力砍开它!”商人找来斧头便砍,不料,猛烈的重击,只能在冰面上划下一道细微的印记。商人又抡起斧头,全力劈凿。一会儿,对着掉落的冰屑,他气喘吁吁地摇头:“这冰实在太硬了!”

智者不语,将冰块放在铁锅中煮。随着温度的升高,冰块慢慢融化。智者问:“你从中有所领悟没有?”商人说:“有些领悟了。我对付冰块的方式不对，不该用斧头劈，得用火烧。”智者摇头。商人面露难色，鞠躬请教。智者语重心长地说：“我所让你看到的，是成功人生的七种境界。”

冰虽为水，却比水强硬百倍。越在寒冷恶劣的环境下，它越能体现出坚如钢铁的特性。这是成功人生的第一种境界：百折不挠。

水化成气，气看似无形，若在一定的范围内聚集在一起形成聚力，便会变得力大无穷。这是成功人生的第二种境界：聚气生财。

水净化万物，无论世间万物多脏，它都敞开胸怀无怨无悔地接纳，然后慢慢净化自己。这是成功人生的第三种境界：包容接纳。

水看似无力，自高处往下流淌，遇阻挡之物，却耐心无限，若遇棱角磐石，既可把棱角磨圆，亦可水滴石穿。这是成功人生的第四种境界：以柔克刚。

水能上能下，上化为云雾，下化作雨露，汇涓涓细流聚多成河，从高处往低处流，高至云端，低入大海。这是成功人生的第五种境界：能屈能伸。

水虽为寒物，却有着一颗善良的心。它从不参与争斗，哺育了世间万物，却不向万物索取。这是成功人生的第六种境界：周济天下。

雾看似缥缈，却有着最为自由的本身。聚可成云结雨，化为有形之水；散可无影无踪，飘忽于天地之内。这是成功人生的第七种境界：功成身退。

人心如水。之所以有能力悬殊、善恶不同、生死之欲，皆因各自境界不等罢了。

（二）交四海朋友

朋友是一杯清茶，很淡。仔细品尝却有很浓很浓的味道。

朋友是一缕清风,很柔。轻轻地滑过脸庞是那么亲切。

朋友是丝丝细雨,很甜。滋润我们的心房是那么惬意。

朋友是爱与爱之间的呼唤,朋友是心与心之间的交流。

朋友如同手足……

朋友在你极度痛苦的时候,给你心灵慰藉与关怀;在你失望彷徨的时候,给你信心与力量;在你成功欢乐的时候,分享你的胜利和喜悦。在人生旅途上,尽管有坎坷、有崎岖,但有朋友在,就能给你鼓励、给你关怀,并且帮你度过最艰难的岁月。

朋友是我们站在窗前欣赏冬日飘零的雪花时手中捧着的一盏热茶,朋友是春日来临时吹开我们心中冬的郁闷的那一丝春风,朋友是我们走在夏日滂沱大雨中手里撑着的一把雨伞,朋友是收获季节里我们陶醉在秋日私语中的那杯美酒。

在这个世界上人不可以没有父母,同样也不可以没有朋友。没有朋友的生活犹如一杯没有加糖的咖啡,苦涩难咽,还有一点淡淡的愁。因为寂寞,因为难耐,生命将变得没有乐趣,难有真正的风采。

人生离不开友谊,但要得到真正的友谊并不容易。高尔基说:“友谊总需要忠诚去播种,用热情去灌溉,用原则去培养,用谅解去护理。”

(三)增出彩机遇

这里讲一个“父亲引导孩子卖衣服”的故事,从中可以悟出,如何利用智慧,抓住机遇,创造出彩人生。

13 岁那年的一天,父亲突然递给他一件旧衣服:“这件衣服能值多少钱?”“大概一美元。”他回答。“你能将它卖到两美元吗?”父亲用探询的目光看着他。“傻子才会买!”他赌着气说。父亲的目光真诚中透着渴求:“你为什么不试一试呢？你知道的,家里日子并不好过,要是你卖掉了,也算帮了我和你的妈妈。”他这才点了点头:“我可以试一试,但是不一定能卖掉。”他很小心地把衣服洗净,没有熨斗,他就用刷子把衣服刷平,铺在一块平板上阴干。

第二天,他带着这件衣服来到一个人流密集的地铁站,经过六个多小时的叫卖,终于卖出了这件衣服。他紧紧攥着两美元,一路奔回了家。以后,每天他都热衷于从垃圾堆里淘出旧衣服,打理好后,去闹市里卖。

如此过了十多天,父亲突然又递给他一件旧衣服:“你想想,这件衣服怎样才能卖到 20 美元?”“怎么可能？这么一件旧衣服怎么能卖到 20 美元,它至多值两美元。”“你为什么不试一试呢?”父亲启发他,“好好想想,总会有办法的。”终于,他想到了一个好办法。他请自己学画画的表哥在衣服上画了一只可爱的唐老鸭和一只顽皮的米老鼠。他选择在一个贵族子弟学校的门口叫卖。不一会儿,一个管家为他的小少爷买下了这件衣服,那个十来岁的孩子十分喜爱衣服上的图案,一高兴,又给了他 5 美元的小费。25 美元对于他无疑是一笔巨款,相当于他父亲一个月的工资。

回到家后,父亲又递给他一件旧衣服:“你能把它卖到 200 美元吗?”父亲目光深邃地看着他。这一回,他没有犹疑,平静地接过了衣服,开始了思索。

两个月后,机会终于来了。当红电影《霹雳娇娃》的女主角拉佛西来到纽约做宣传。记者招待会结束后,他猛地推开身边的保安,扑到拉佛西身边,举着旧衣服请她签名。拉佛西先是一愣,但是马上就笑了。没有人会拒绝一个纯真的孩子,于是拉佛西签了名。他笑着说:“拉佛西女士,我能把这件衣服卖掉吗?”“当然,这是你的衣服,怎么处理完全是你的自由!”他“哈”的一声欢呼起来:“拉佛西小姐亲笔签名的运动衫,售价

200 美元!”经过现场竞价,一名石油商人以 1200 美元的高价买下了这件运动衫。

回到家里,父亲感动得泪水横流,不断地亲吻着他的额头:“我原本打算,你要是卖不掉,我就叫人买下这件衣服。没想到你真的做到了!你真棒,我的孩子,你真的很棒……”

一轮明月升上山头,透过窗户柔柔地洒了一地月光。这个晚上,父亲与他抵足而眠。父亲问:“孩子,从卖这三件衣服中,你有明白什么吗?”“我明白了,您是在启发我”,他感动地说,“只要开动脑筋,办法总是会有的。”父亲点了点头,又摇了摇头:“你说得不错,但这不是我的初衷。我只是想告诉你,一件只值一美元的旧衣服,都有办法高贵起来。何况我们这些活着的人呢?我们有什么理由对生活丧失信心呢?”他想:“是的,连一件旧衣服都有办法变得高贵,我还有什么理由妄自菲薄呢!”20 年后,他的名字传遍了世界的每一个角落——迈克尔·乔丹。

这个故事表明,一个人的慧门一旦敲开,就会增加更多的出彩机会。

五、推开财门

(一)善于聚财

企业的发展,首先从“聚财”开始。常言道:“君子爱财,取之有道。”这里的“道”可以理解为一条正确的适合企业或个人走的路,一条指导自己人生宏观运行轨迹的路。正确地选择取财之道,离不开自身良好的修养及作风。当今社会纷繁芜杂,物欲横流,当物质利益需求更多地超过精神需求时，更应该重“道”。

聚财的路径要务实，要追求事物的本质属性，这样才能长久。就像房地产开发，房产的本质属性是居住和使用，如果将房地产变成一种“投资”的产品，就偏离了它的本质，就不可能长久。

（二）精心理财

理财是企业发展的关键环节。资金一旦筹措到位，在一定程度上，理财的水平就左右了企业经营的效益。企业理财首先要建立科学的管控机制，依靠制度管控是现代企业运营的必要条件。其次，企业理财的重点还是在“理”上，要提高计划和运筹能力，这样才能提高风险防控能力，从而降低企业运营风险。第三，要提高资本运作的透明度，这是大企业凝聚股东力量的重要法宝。

通过理财可帮助企业或个人解决两方面的问题。一是杜绝资金浪费。不论企业还是个人，资金的集聚往往具有季节性，有时资金短缺，有时又会有盈余，欲使资金均衡化运作就必须加强理财力度。二是化解金融风险。现代社会在国际化环境下发生金融风险的概率越来越大，国际化的竞争、个性化的需求更加凸显理财的重要性。

（三）奇招用财

用财是企业聚财、理财的最终环节。聚财、理财的目的在于合理用财。中国在 20 世纪 90 年代之前渴望拥有巨额的外汇储备，但到了 21 世纪，巨额的外汇筹备变成了一把“双刃剑”，如何用好这笔外汇正在考验中国人的智慧。

古代商圣范蠡“夏则资皮，冬则资絺，旱则资舟，水则资车，以待乏也"的经济思想就是奇招用财的最好体现。市场的国际化拓展了企业对外投资的领域,同时也为有志者提供了更多的创业机会。如何在投资时出奇制胜是推开财门的重要砝码。

讲故事,说管理

泛舟五湖的绝代商圣、人间财神——范蠡

作为一代商圣,范蠡的经营思想非常丰富,对于我们今天发展经济具有重要的现实意义。

首先,范蠡经商不是盲目出击,而是精心选择地点,充分发挥自然环境的优势,以求最好的经济效益。他离开越国后,来到齐国。《史记》称齐国"地带山海,膏壤千里,宜桑麻",具有从事生产的良好条件,这为范蠡致富奠定了基础。

范蠡充分利用齐地的资源和环境,带领全家人"耕于海畔,苦身戮力",多种经营,"父子治产,居无几何,治产数十万"。范蠡从越国的上将军一变而为劳动者,在官为本的时代,多少人仰慕高官厚禄,而范蠡坦然改变身份,潜心从事生产,埋头苦干,迅速致富,大胆挑战传统观念,仅此一点对后人的启迪就是极其深刻的。其次,范蠡丰富的经商理念,对今天发展市场经济,也具有一定的指导意义。比如,范蠡主张把握商机,候时转物。他遵循经济丰歉循环论经商,提出"待乏论",不要人等货,应让货等人。要准备别人没有的或想不到的货物,这样才能在市场上占据优势。再比如,范蠡主张"逐什一之利",薄利多销,不求暴利,这符合中国传统思想中经商求"诚信"、求"义"的原则。

在范蠡的思想中,追求和谐的天道、地道、人道尤为可贵。他说:"夫

国家之事，有持盈，有定倾，有节事。”意思是，治理国家有三件事要注意，国家强盛时要设法保持下去，这叫持盈；国家将要倾覆时要设法转危为安，这叫定倾；平时治理国家政事要得当，这叫节事。范蠡还把这三点与天地人结合，说：“持盈者与天，定倾者与地，节事者与人。”范蠡顺应天道、地道、人道，做事讲究火候，全面考虑问题，不急功近利，不轻举妄动，一旦时机成熟，便毫不迟疑地采取行动。

据传，范蠡与子贡有下面一段对话：

范蠡：“子贡先生以一代硕儒而试马商界，足迹遍布华夏各地，诸侯各国，生意从来不失手，赢得赀财万千。今天有幸见面，还望先生不吝赐教。”

子贡微微笑道：“我是经商多年，诸侯各国几乎没有不曾去过的地方。但子贡经商，非为敛财，不过是癖好所在，借经商遍游名山大川，访察各地风俗民情，在流通有无中赚点小钱，也是人生一大乐事。要说经验，倒也摸索到一点，不过很简单，只有五个字，两句话。”

“是哪五个字，两句话？”范蠡顿时来了兴趣。

“五个字是‘物以稀为贵’；两句话是‘人弃我取，人取我予’。”

“请先生详细说说。”

“其实很简单，请问先生，在这个世界上，当以何物最为宝贵？”

“先生是说黄金？”

子贡却摇了摇头，以手指着院外，说道：“其实对人的生命而言，最宝贵的莫过于空气，人的呼吸连一时半刻也停不得，可谓须臾不得暂离。可是，这空气为什么不值分文，因为它太多了，多到无穷无尽，人人可得而用之，世世代代用之不竭。而黄金珠宝为什么珍贵？那是因为它们太少，人们不易得到。”

“就以你鸱夷先生所经营的海盐而言,就是运用了‘物以稀为贵’这条定律。这海边上,盐多得很,便不值钱,而运到秦国,便成了珍稀之物,上上之品,您便可以大把地赚回金子。至于‘人弃我取,人取我予’这句话,其实道理是相通的。以农人生产五谷为例,丰年时粮食多了,人们吃不了就要卖掉,粮价自然下跌。此时经商者趁机购进,到荒年时粮价上涨,人们需要粮食,商者再把粮食高价卖出。这一取一予,便可获利无数。”

范蠡一边认真地听着,一边频频点头,说道:“子贡先生这五个字,两句话,可谓经商要诀,真是一字千金。”

事实上,范蠡的《致富奇书》所揭示的道理并不亚于子贡的经营意识。从该书的主要纲目即可略知一二,其纲目为:

能识人:知人善恶,账目不负。

能用人:因财器使,任事可赖。

能知机:善贮时宜,不致蚀本。

能倡率:躬行以率,观感自生。

能整顿:货物整齐,夺人心目。

能敏捷:犹豫不决,到老无成。

能接纳:礼义相交,顾客者众。

能安业:弃旧迎新,商贾大病。

能辩论:生财之道,开引其机。

能办货:置货不拘,获利必多。

能收账:勤谨不怠,取讨自多。

能还账:多少先后,酌中而行。

相信,范蠡的经济思想对我们推开财门会大有裨益。

管理要核：定律二八利统一

管理一定要把握核心，我们很多管理者不知道管理的核心在哪里，这个问题非常重要。

管理的核心就是管理者和被管理对象的利益必须统一。俗话讲，你好我也好。如果你好我不好或者我好你不好，那就不能真正好。从大的方面来讲，如国家深化改革，就必须让老百姓分享改革的红利。如果老百姓享受不到改革的红利，老百姓就不会支持。如果得不到百姓的支持，改革还能进行得下去吗？从小的方面讲，管理者和被管理者对管理成果一定要有序分享，有的管理者喜欢鞭打快马，无止境挤压，这样一定会遭到被管理者的反抗，管理也就无法收到成效。

再就是管理的重心一定要放在“理”（理顺）上，而不是放在“管”（管控）上。我们将管和理二八分，80%是理，20%是管，只有这样，管理才能收到事半功倍的成效。

本章主旨

什么叫管理，其实很简单。管就是管控，理就是理顺。但是怎么管，怎么理，我们把管理的重心放在哪，这非常重要。很多管理者往往把重心放在管控上面，这样的管理很难得到最好结果。

欲要管理好，关键要抓住管理的核心，也就是要把握管理上的二八定律。管理的二八定律就是把80%的精力放在理顺上面，20%的精力放在管控上面，这样的管理能事半功倍。所以，要清楚管理者自身和被管理者的具体情况，制定出切实有效的最佳管理方案，然后再实施，并在管理过程中根据实际情况的变化适时调整方案，让管理能始终处于最佳状态并正常运行。所以，二八定律的核心在理不在管。

尽管在实际工作、生活中到处彰显二八定律，人们在心理上还是习惯追求平衡感。但是，现实中的平衡只能也必须用一个“利”字来统一。

一、何谓二八定律

二八定律是19世纪末20世纪初由意大利经济学家维弗雷多·帕累托(Vilfredo Pareto)提出的。他认为,在任何一组东西中,最重要的只占其中一小部分,约20%,其余80%尽管是多数,却是次要的。20%的人手里集中了80%的社会财富,而80%的人只拥有20%的社会财富。二八定律,又称为80/20法则、帕累托法则、帕累托定律、最省力法则、不平衡原则、犹太法则等,被广泛运用到社会学和企业管理学等各种领域中。在众多管理学书籍中关于二八定律的阐述和上面谈到的基本无异,这是传统的思想理论,是大众最开始接触到二八定律的含义。

本章节将结合现代化管理科学实际与理论,阐述一种更加与时俱进的二八定律,让这种新思想给你的工作与生活带来启发。

(一)分析财富榜

20%的人手里集中了社会80%的财富,而80%的人只拥有20%的社会财富,你是属于20%的人还是80%的人呢?每年《福布斯》杂志都会发布中国富豪排行榜,吸引人们的眼球。2013年前十位富豪公司行业遍布各个领域,从金融到房产,从零售到网络,从汽车到娱乐,每个人生活的方方面面,都包含在里头。这些行业和领域,不管是消费品和服务业、制药和医疗保健、文化娱乐,还是移动互联网等行业,都是目前中国创富运动中的重要领域。

富豪榜中前十位的富豪拥有大量的财富,他们的财富总值占据前

100 位富豪财富总值的 20%左右。曾位居榜首的王健林先生财富总值占据前十位富豪财富总值的 20%左右。而根据证券时报网 2014 年 6 月 12 日的报道,2014 年波士顿咨询公司全球财富报告显示,2013 年中国有 237.8 万个百万富翁家庭,百万富翁家庭数目较上一年增加了 82%。全球财富增长了 15%,达到 152 万亿美元,其中亚太地区(不包括日本)的财富增幅最大,为 31%,达到 37 万亿美元。全球最富有的地区北美的财富增长了 16%,达到 50.3 万亿美元,主要是受到股市投资回报强劲增长的推动。这就是二八定律在日常经济中的运用,20%的人掌握着 80%的财富。

(二)研究身边事

讲故事,说管理

水果与人生

曾经听过这样一个故事。一位教授上课时拿出了一个透明大塑料瓶、两个水果篮,一个装着苹果,一个装着草莓。然后他对同学们说:"今天给你们做一个实验,我是在年轻时看到这个实验的。"教授把苹果放进塑料瓶里,直到再也塞不进去为止。这时候他问:"现在瓶子满了吗?"有的同学答道:"装满了。"教授又拿出草莓,用草莓填充装了苹果后留下的空间。然后,教授继续问:"你们能从这个实验里感悟到什么道理?"同学们开始踊跃发言,展开激烈争论,回答各式各样。最后,教授说:"你们说得都对,不过还没有说出我想让你们领会的道理。你们可以反向思考一下,如果我先装的是草莓而不是苹果,那么草莓装满后还能再装下苹果吗?其实人生也是如此,我们经常被许多不重要的小事所困扰,看着所有精力耗费在琐碎中,忽略了那些真正对自己重要的事情,结果白白浪费了许多宝贵的时间。所以,我希望大家能够永远记住今天的实验,记住这个实验的结果,如果草莓先塞满了,就装不下苹果了。”

人生短暂,时间有限,我们必须清晰认识到哪些事情是最重要的,哪些事情是最关键的。我们应该理顺事情的轻重缓急,以事情的重要性为主,把有限的精力用到极致。

你是否曾经疑惑过,为什么成功的人总是少数,为什么中途放弃的人多过坚持到底的人,为什么少数人成为领导多数人成为员工,为什么少数人对未来有了规划但很多人对梦想却依然迷茫……

少数人成为精英,多数人只是平凡的普通人。一个公司的销售部有30位销售业务员,每位业务员都尽心竭力拉业务、见客户,但每月的销售排行榜上总会发现前六名的业绩占据公司销售额的大半江山。有的人一直期望着上级领导给自己涨工资却不知要靠自己努力做出成绩才能创造更多的财富。那些思想模糊、行动懒散、不知上进、甘于堕落的人,再不拾起信心,全力改变自己,那一生终将成为80%虚度众生中的一员。

讲故事,说管理

“知道在哪画线”值9999美元

福特公司有一台电机坏了,请高人无数都没修好,一“罢工”就是两个月,公司上上下下都很着急。有人说,有个叫斯坦梅茨(Charles Proteus Steinmetz)的德国人,刚刚移居美国,听说他对电机挺精通的,可以请他来试试。斯坦梅茨围着电机转了两天,一边观察一边计算,最后,用粉笔在电机外壳的某个地方画了一条线,说:“这里面,线圈减少十六圈,就行了。”大家一开始还不太相信,你是谁呀?火眼金睛啊?怎么能从外面看到里边?但真的拆掉十六圈后,电机转起来了,一切技术指标良好。福特公司经理很高兴,问他要多少报酬,他说:“一万美元。”经理吓了一跳,这在当时不是个小数目,就说:“你给我拉个明细表吧,把这一万美元的各项费用依据都写清楚。”斯坦梅茨想都没想就说:“不用写了——用粉笔画一条线,值一美元;但知道在哪里画线,值9999美元。”这个回答让经理对他刮目相看,当即决定要以福特公司最高薪酬把这个罕见之才挖过来,那一万美元当然也照付了。

如果你更加细心留意身边的细节,那么你会发现:20%的人成功80%的人失败,20%的人坚持80%的人放弃,20%的人领导着80%的员工,80%的普通人为20%的精英工作,80%的财富被20%的人掌握,这些都是二八定律在工作与生活中的体现。

(三)总结规律性

日常生活中普遍存在二八定律。商家80%的销售额来自20%的商品,80%的业务收入是由20%的客户创造的;在销售公司里,20%的推销员带回80%的新生意;80%的成果来自20%的付出,另80%的付出只换来20%的成果;20%的人集中了80%的人的智慧,20%的人完成了80%的任务……二八定律无处不在、无时不有,它就像人的影子,潜伏在人们生活和工作的每个角落。

“二八定律”的负性事件在日常生活中也随处可见。我们通常用80%的精力,去做那些只会取得20%成效的事,目前国内很多企业管理工作中的“管”与“理”还是按照8∶2的比例,而世界经济发达国家的企业管理工作中的“管”与“理”却遵照 2∶8 的比例。在保险公司经营中，企业的员工 80%的人员在后勤，而 20%的人员在一线；政策的制定、措施的出台往往考虑占 80%的大多数人的意见及利益，而非市场的规律；用 80%的时间处理日常事务性工作，而用 20%的时间做工作中重要的 80%的事；团队管理中考虑处于中间 80%的大多数人，而忽视了最突出的及最落后的人群，其实这 20%的人群，是最需要花 80%的精力管理和帮助的；对于代理人队伍中人员流动性大这一特点，各家公司在探讨如何将 20%的留存率提升至 80%，至今为止还没有哪家公司取得成功；在业务推动案中，屡见不鲜的是如何提高 80%的人的业绩，提高整体水平，消除业务一边倒、靠明星挑大梁的现象，往往忽视了 20%的最有效率的人群，如此这般反“二八定律”的现象很多很多。数字是枯燥的，但反映的却是生动的现实。

二、二八规则话管理

(一)二分管，八分理

分析了管理的二八定律之后，再思考二八定律的重心与管理的重心是怎样的。二八定律简单来说就是两个数字：20%和 80%。管理的二八定律具体是什么含义？首先要理解管理的意思。什么叫管理？其实很简单，管就是管控，理就是理顺。但是怎么管？怎么理？我们把管理的重心放在哪？这非常重要。很多管理者往往把重心放在管控上面，这样的管理很难得到最好结果。二八二八，二分管，八分理，就是把 80%的重心放在理顺上面，20%的重心放在管控上面，这样的管理才能画龙点睛，事半功倍，才能掌握管理的精髓，真正对管理烂熟于心，做到收放自如。

传统智慧思想教人们“不要将所有鸡蛋装进同一个篮子里”，然而二八定律却是要把大部分精力放在一个篮子上面，把所有的鸡蛋放进去，再把多余的精力与思想放在盯住这一篮子鸡蛋上。

很多管理者往往把重心放在管控上面，每天“日理万机”，大到公司的管理决策，小到公司员工的考勤等具体细节，事无巨细都要自己一一过问，劳心劳力，这样的管理对达到一定规模的企业是不利的。

讲故事，说管理

忙与闲

在管和理两方面，很多人只注重在管上面下功夫。有次我和别人在一起，他手机不停地响。我问，你怎么那么忙？他说，我工厂里面3000人，我要管理这么多人肯定很忙。我就跟他讲了一个宁波非常著名的企业家的故事。那位企业家很低调，我非常敬佩他，我敬佩的企业家不多，他是其中一个。2005年市政府组织在中央社会主义学院学习，当时我和他住一个房间，彼此聊天。他说今年我的企业效益比去年翻了一番还多，全国专卖店有4000多家。当时是2005年，他的资产飞速发展，他儿子和孙子公司（指下属公司）也非常成功。每年企业销量排名，他都是第一。第二名和他差距非常大。但是他找不到事情做，每天约别人打牌钓鱼。真正的管理是企业高速发展，老板找不到事情做。如果你的两个手机不停地响，那么你的事业发展到此为止，你的企业不会壮大，因为你人生的杯子已经满了。所以每个人都是一样，你整天忙，肯定是出问题了。

只有你下面的人忙,你作为领导找不到事情做,你的管理才算成功。所以评判一个管理者的优劣我说过这样一句话:你好,我好,结果好,管理正确;你累,我累,结果还不好,管理一定出问题。这就是管理方向,很简单,就这样去衡量。

在管理中运用二八定律时,要清楚管理者自身和被管理者的具体情况,制定出切实有效的最佳管理方案,然后再实施,并在管理过程中根据实际情况的变化适时调整方案,让管理能始终处于最佳状态并正常运行,所以二八定律的重心在理不在管。

一位著名企业总经理如今把公司管理运作得非常成功。在接受记者采访时,他谈到,以前会把所有的精力放在怎样管理好全公司员工上,后来发现几乎没有成效,懒散的人依旧懒惰,当时采取了很多办法来增进大家的情感和对公司的热情,可事倍功半。后来转换了一个方法,把员工里面比较出挑的20%选出来用心培养,把最好的经验与方法传授给他们。他们本就是勤奋上进的有为青年,在这样的重视下得到很大的进步,然后再由他们带领剩下的80%员工一起变得优秀,这样公司的管理就变得更加具体与容易。

有经验的人会逐步明白,最好的管理是用20%的付出赢得80%的收益,让自己的时间和精力获得400%的回报。

讲故事,说管理

最伟大的保险推销员

弗兰克·贝特格(Frank Bettger)是美国最伟大的保险推销员,曾创造过美国保险业多项第一名,他有一个非常励志的故事。多年前,当开始投入推销保险行业的时候,他满怀热情与兴奋,打算放手一搏,为自己的事业而努力。然而,他的勤奋辛苦却没有换来满意的成绩,他开始气馁、失望、怀疑自己,甚至开始看不起自己的职业并打算辞职。但他想在做出这个决定之前弄清楚,自己明明非常拼命,每天工作近11小时,周末也不忘联系客户推销保险,可为什么业绩一直上不去,永远不理想。

他开始思考并询问自己:“哪里出了问题?每天拜访接待那么多客户,我和顾客聊得很好,谈合同开始也非常愉快,可每次到客户做决定之时,他们都会回答,我再考虑一下,以后再联系。然后每次我都要再花精力去联系这些客户,说不定他们还改变了主意。这让我觉得很颓废沮丧。”

他接着问自己:“有什么解决办法吗?”他开始寻找答案。他找出过去一年的工作成交记录详细研究,发现了一个让他吃惊的规律:他所卖的保险有70%是在首次见面时成交的;另外有23%是在第二次见面时成交的;只有7%是在第三、第四、第五次见面时才成交的,而他竟然把自己一半的工作时间与精力耗费在这7%上面。这个规律让他欣喜若狂,他斗志重燃,想奋起一搏,创造佳绩,辞职的想法则早就被抛到九霄云外了。该怎么做呢?非常明显:把大部分的精力集中在寻找挖掘新顾客上面。实施了一段很短的时间之后,业绩涨幅非常快。很快,他真的创造了自己职业生涯成交量的巅峰值。

这就是了解并运用二八定律后带来的改变,与其面面俱到,不如重点突破——把80%的资源花在最能出效益的20%方面,这20%又能带动其余80%的发展,所谓二分管、八分理。弗兰克整理自己过去业绩的走势,分析出业务不佳的原因,但并没有一味地沉浸于管理客户中。弗兰克发现自己一半的精力与时间都浪费在效益并不显著的7%上,因此业绩不理想。在二八定律的影响下，弗兰克立即改变了工作方法，把大部分时间和精力用来寻找新客户——他们为他带来了80%的工作收益，他也轻松成功。

从弗兰克的经历中可以明白，集中精力与时间放在重要事情上面，避免在琐事上花费时间，要学会抓主要矛盾，抓住事情的中心。一个人的时间和精力都非常有限，要想真正“做好每一件事情”根本不可能，要学会合理分配我们的时间和精力。所谓成功就是这样，不经意间，事半功倍。商业中的杠杆原理，仔细研习，学会运用，它能翻云覆雨，改变生活。

讲故事，说管理

麦当劳的成功之道

麦当劳大多数分店是特许经营店。这些分店都由当地加盟投资人出资并负责管理与经营活动，同时承担风险。如果一年开设500家分店，全由麦当劳自己来做，投资需数亿美元。招聘、培训20000多名员工，建立一个庞大复杂的管理体系，这么多的工作想做好并非易事。很多企业也采取了连锁方式，却没有成功，其失败归因于20%的内部工作没有做好。而麦当劳20%的工作，如超值商品体系、品牌创造与总部管理等，运营得很出色，所以既成功地利用了外部资源，又为客户创造并提供了最好的服务。让更多的投资者（包括员工）在最短的时间内拿出更多资金进行投资，只有一种可能，即给予投资者的权益、报酬显著高于常规比率。常规权益分配观念是自己占大头，别人占小头。采取80/20的权益分配策略，即原则上让对方得大头，自己得小头，不但能够快速扩大规模,还可以让合作者分担更多的责任和风险。

把二八定律运用到市场营销、企业管理中,会发现事物发展的规律与道理,会让我们更有效地确立营销策略和企业管理策略。

(二)看优点,善放权

当今社会存在许多浪费,第一大浪费是决策的失误,第二大浪费是人才的错位,第三大浪费是铺张浪费,最终还是人的问题。放对了位置的人才才能称为人才,只有选对的人做对的事情,才能减少浪费,节约资源。要选对人做对事,学会看清下属,分析下属性格,找出他们的优势与劣势,并且合理运用。

因人而异,因人制宜,“没有不优秀的员工,只有不会用人的老板”。如果对于这些你还比较模糊,请再往下看。

讲故事,说管理

升迁的奥妙

曾经有一个外企销售部副经理,他工作勤奋,能力突出,业绩优秀。在销售部总监因故辞职后,大家都以为他可以顺利升职坐上总监席位,他自己也觉得机会终于来了,可过了很久依然没有消息。某次公司庆功派对上,老总宣布,隔壁部门的副经理升职为销售部总监。他非常失落,对比自己和新上任的总监,自己无论从学识还是工作能力、经验来说都比对方更优秀,可偏偏却败给了他。这是为什么?自己什么地方出错了?他想了很久依然想不通。

一次大学演讲会,邀请他去做嘉宾。听完整个会议后,他非常欣赏主讲者王教授，就登门拜访，把困惑一一讲过，自己多么用心在工作上，多么投入，每天超时工作，即使休息也想着公司的业务，可是漂亮的成绩单却没有让他顺利升职。

王教授听完，呵呵大笑，告诉他没有升职的原因就是因为工作太勤劳。他觉得匪夷所思。教授讲道，你害怕出错，把部门重要工作都揽在身上，交予下属的事情你要检查一遍又一遍，对于下属你不太放心，你所有的精力都耗在工作上，重要业务都由你操刀完成。你在老板心中的印象就是，你们部门这个地球离开你无法继续转动，其他人都可以变动职位，唯独你不能，你一变化，部门可能就瘫痪。所以，你一直处于副经理职位，无法升职。

听完教授一席话，他豁然开朗，觉得教授讲得非常有道理。

教授接着给他传授绝招，从现在起，你回去分析你们部门各个员工的性格，把每个人擅长之处记在心里。找几个信任并且能干的下属，切记不能只找一个，把你的重要工作，分配于这几位下属，让他们在各种擅长的领域发挥自己的才能。然后你负责监督与检查他们的工作。他依然满心疑问，为何这样？

教授解释道，找几个而不是单找一个，是因为他们可以互相监督产生良性竞争，工作更有动力，同时你把工作交予他们来办，实有培养他们之意，他们对部门也会更加忠诚，更愿意多付出。你不用像以前那么辛苦，整天在琐碎任务中耗费精力，可以节省更多时间来修身养性，提升自己其他方面的能力。

他照教授的话做了。果不其然，一段时间后，公司经理职位再度空缺，他成功升职，成为经理。原来，老板发现他的部门运作良好，下属勤快能干，每个人都能顶下一番天地，而他管理部门井井有条，即使他不在自己的岗位上,部门依然能健康运作。他也越来越优秀,所以成功升职。

这个故事告诉我们,权力不要紧紧攥在自己手中,要学会了解下属,擅于放权给他们,利用每个人所拥有的长处,发挥出他们的优势,这样才叫管理,而不是自己一味包揽所有权力,耗费尽自己所有的精力,甚至吃力不讨好。真正优秀的管理者恰恰是因为他能够做到解放自我,信任下级,将优秀的人才发掘出来,并大胆给他们压担子,才能达到这样的放手境界,这也是一种管理智慧。在外人看来,这样的管理者是很轻松的,每天能够有钓鱼、养花草、下棋、画画等闲情逸致,甚至可以用每天"无所事事"来形容。

(三)轻表层,重内心

从字面上解释,看清表层,看重内心。举个通俗点的例子来说,一个人谈恋爱也许最开始是被对方的外貌所吸引,但随着慢慢深入了解,外表也就不那么重要,更加看重的是对方内心的品质优劣。所谓"轻表层,重内心"就像找一个谈婚论嫁的对象,更多的是看重对方的内在品质。无论是工作还是管理,都不应该只看表面,而应该更深入地去观察与思考内在品质,透过现象看本质,注重深层次的内涵。

讲故事,说管理

儿子洗车

有这样一个故事,父亲辛苦工作总算存够钱买了一辆心仪已久的汽车。父亲非常爱惜,一天洗一次,车用了一个多月还是崭新的模样。有一天,车子因为淋了雨非常脏,这位父亲下班回家后很累,就想放弃一天一洗的习惯而改天再洗车。他六岁的儿子见父亲这么爱车，想尽自己能力帮父亲做点事情，为他分担一点家务。父亲知道儿子的想法后非常高兴，觉得儿子这么小已经学会体谅父母，很懂事。父亲见儿子人小志气大就满足他，让他去洗车。

小儿子要洗车，却找不到抹布，他走进厨房，立时便想到母亲平常炒完菜洗锅子时，都是用钢刷使劲刷才刷干净的，所以既然没有抹布，就用钢刷吧！他拿起钢刷用力洗起车来，一遍又一遍，像刷锅子一样刷车。儿子非常卖力，害怕自己不够使劲洗不干净车，等他洗完之后，“哇！”他失声大哭，车子怎么都花了？这下闯祸了。他急忙跑去找父亲，边哭边说：“爸爸，对不起，爸爸，你来看！”父亲满腹疑惑地跟着儿子走到车旁，他也非常惊讶：“车！我的车！”父亲非常生气愤怒，自己一直很爱惜新买的车，结果变成这样。他在想自己应该如何处置儿子。在思考过程中他慢慢冷静下来，意识到事已至此，孩子很小什么都不懂。不能只看结果，而忽略儿子的内心，儿子出于爱出于对父亲的感恩，儿子是一片好意。

冷静下来的父亲急忙把孩子拥在怀里，并且说：“谢谢你帮爸爸洗车，爸爸爱你胜过那部车子。儿子好样的，以后爸爸教你怎样洗车，我们一起洗，把车洗得干干净净。”

亲爱的朋友，生命中你看重什么？看表层，看被擦花的车？还是看儿子热心为父亲分忧的品质？还是表面一片和谐私下却各自暗藏心思的团队？也许你当面看到的都是员工在认真工作，殊不知你转身3秒之后就有员工忙自己的私事了。

不要戴着有色眼镜看世界，更不要只用眼睛看世界。用心去思考，管理不是看出来、凭空想出来的，而要用心用脑去思索、观察，看清楚事务和团队本质与核心，真正运用二八定律缔造出最精彩的人生与社会效果。

三、平衡二八唯"利"字

分析了管理的二八定律以及二八定律在生活中的应用,我们再谈一谈管理的核心。管理的核心是什么?核心一词,是精髓与内涵的充分总结。管理的核心就是,管理者和被管理者的利益一定要和谐统一。其中任何一方的利益得不到体现和保障,这种管理就很难继续下去。人们非常关注被管理者的合理需要能否得到满足,在分配上是否存在不公平现象,是否存在腐败或不法行为,这些问题日益成为社会热点和激发社会不稳定的隐患。管理者与被管理对象的利益能否做到一体化、和谐化,意义重大。

(一)做大蛋糕

管理核心的首要任务,是管理者与被管理者之间要有共同的目标,即双方有共同的愿景,就是要做大做强。

比如说当下中国的改革,它不只是国家领导人的任务,而是全国人民和领导一起共同完成的一项重大使命,只有把国家改革开放成果做大,才能让每一个中国人感受到切实的利益。同样,著名企业海尔集团,因为制定了良好的管理方案,让员工感受到浓厚的企业文化,因而把公司当成自己的家,积极工作,员工与领导齐心协力做好企业、做大企业、做强企业。

网上有过一篇文章《公司是我的家》,引起过热议。应该承认,作者抱有悲愤情绪,但一个公司如果这样让员工感受不到温暖,那么领导也有责任。想要做大蛋糕，需要员工和老板一起共同努力，而不能单靠一方。利益的蛋糕只有一起来做才会越做越大，这样，可以共同分享的成果也越多，战胜困难的把握性也更大。

讲故事，说管理

两个饥饿的人

从前，有两个饥饿的人得到了一位智者的恩赐，一把猎枪和一大箩筐食物。其中的一个人拿到了一箩筐食物，另一个人拿到了一把猎枪，于是他们分道扬镳，各自生活。得到食物的那个人就立马找了个空地，狼吞虎咽吃起来。由于很久没吃东西，食物的诱惑让他一刻也不愿意停下来，他不停地往嘴里塞东西，直到满意地打起了饱嗝之后才发现，一大箩筐的食物被吃得只剩下最后两个苹果了。过不了几天，最后两个苹果也被他的胃消灭，再也没有其他食物供他吃了，最终他饿死在箩筐旁边。另一个人则提着猎枪忍饥挨饿，一步步克服艰难险阻向森林走去，走啊走，可当他终于看到前方密密麻麻的一片绿色茂盛的树林时，他全身已经再也没有一点力气了，最终也只能眼巴巴地看着森林，带着无尽的遗憾撒手人间。

又有两个饥饿的人，他们同样得到了智者恩赐的一把猎枪和一箩筐食物。只是他们并没有各奔东西去生活，而是商议决定共同去寻找森林捕获猎物。他俩每次只吃箩筐里的一小部分食物来充饥，经过遥远的山路，跋山涉水，终于来到了森林。虽然箩筐中的食物已经没有了，但他们依然体力充沛，开始打猎为生。几年后，他们的生活逐渐殷实，盖起了房子，有了各自的家庭和子女，过上了幸福安康的生活。

一个人、一个团队，不能只顾眼前的利益，要目光长远，要学会团结合作。一个企业,应该是上至老总,下到普通员工,首先齐心协力把企业做好,把蛋糕做大,然后才能去考虑如何分配。试问,蛋糕都没有,怎么庆祝生日？何谈分配蛋糕?

(二)释放红利

我们知道管理的核心是管理者和被管理者的利益一定要统一。如果被管理的一方利益得不到合理的分配和保障,那这样的管理最终只会事倍功半。从大的方面来说,比如我们的改革开放,就一定要让老百姓分享到改革的红利。如果老百姓得不到改革的红利,改善不了自己的生活水平,还会支持这样的改革吗？从小的方面来说,管理者和被管理者对管理成果一定要有序分配。

比如著名企业富士康在内地的工厂,过去几年中接连发生员工跳楼事件。有一种分析认为其中一个原因是管理者一直挤占被管理者的利益成果,导致一些员工所受压力过大,生存困难,最后做出过激行为——自杀。网上有分析评论说,在富士康,企业和员工的关系很简单明了,企业过度追求利润,基层员工劳动强度极大,被训练成了一台台劳动机器。员工加班很正常,国家法律规定每月 36 小时的加班上限成了一纸空文。员工与员工之间的关系断裂,员工之间的关系比较淡漠,平时大家基本上没有交流,“住在一起就跟陌生人一样”。工会与企业、员工之间的关系断裂,没有很好起到企业工会会员和职工合法权益的代表者和维护者的作用,员工利益得不到合理分配,员工之间没有感情交流,在这样的背景下,悲剧就发生了。

把管理变成压迫,这样的管理必然招致反抗。只有对管理成果有序分配、合理分配,让更多的基层成员获得实惠,大家才会支持,作为一个企业和团队,才能取得最大化的效益。

利益分配不合理,是一个潜藏的危机,如果当时企业不重视,随着时间的推移,危机就会慢慢变成危险,最终爆发。管理的核心就是利益统一,要适当适时地释放红利,做到有利共享。

(三)灵活激励

为什么要激励?如何激励?我相信是很多人的第一反应。激励员工,让员工感受到温暖,把企业当成家应该是每位企业管理者的终极目标。

万博宣伟公关顾问(Weber Shandwick)是世界上最大、网络最发达的公共关系咨询公司。每年中国区公司的年会,都是万博宣伟员工最期待的盛事。豪华的酒店里,每年都能看到中国区董事总经理刘希平先生穿着奇装异服为员工表演节目,惹得大家哄堂大笑。一个年过半百、事业有成的董事总经理能穿着长裙或者性感女士短装在员工面前跳舞,没有一点架子。员工的第一感觉是亲切,领导和员工的距离在这样的活动中拉近,少了隔阂,让员工觉得公司有它的魅力,领导有他们亲民的态度。这种特殊方式的鼓励,会使员工更加惊喜,在工作中也会更加卖力与拼搏。

讲故事,说管理

盛田昭夫与年轻人

有一天晚上,索尼公司的创始人、董事长盛田昭夫按照惯例走进职工餐厅与职工一起就餐、聊天。他长期来一直保持着这个习惯,以培养员工的合作意识和与他们的良好关系。这天,盛田昭夫忽然发现一位年轻职工郁郁寡欢,满腹心事,闷头吃饭,谁也不理。于是,盛田昭夫就主动坐在这名员工对面,与他攀谈。几杯酒下肚之后,这个员工终于开口了:“我毕业于东京大学,进入索尼之前就有一份待遇十分优厚的工作,但是,对索尼公司崇拜得发狂。当时,我认为进入索尼是我一生的最佳选择。但是,现在才发现,我不是在为索尼工作,而是在为课长干活。坦率地说,我这位课长是个无能之辈,更可悲的是,我所有的行动与建议都得经过课长批准。我自己的一些小发明与改进,课长不但不支持、不理解,还挖苦我癞蛤蟆想吃天鹅肉,有野心。对我来说,这名课长就是索尼。我十分泄气,心灰意冷。这就是索尼?这就是我的索尼?我居然要放弃了那份优厚的工作来到这种地方!”这番话令盛田昭夫十分震惊,他想,类似的问题在公司内部中恐怕不少,管理者应该关心员工的苦恼,了解员工的处境,不能堵塞他们的上进之路,于是产生了改革人事管理制度的想法。之后索尼公司开始每周出版一次内部小报,刊登公司各部门的“求人”信息,员工可以自由而秘密地前去应聘,他们的上司无权阻止。另外,索尼原则上每隔两年就让员工调换一次工作,特别是对于那些精力旺盛、干劲十足的人才,不是让他们被动地等待工作,而是主动给他们施展才能的机会。在索尼公司实行内部招聘制度以后,有能力的人才大多能找到自己较中意的岗位,而且人力资源部门可以发现那些“流出”人才的上司所存在的问题。

在竞争巨大的公司,在上层压制的管理下,人才也许不那么容易出彩,金子不那么容易发光,索尼公司通过这样的方法,吸收人才,优胜劣汰,是非常成功非常典型的故事。

灵活激励员工是每位管理者必须学会的课程。根据员工的实际需求,给予相应的激励,这是一笔情感投资。在员工荒闹得最厉害的时候,很多企业员工大量流失,有的等着招员工才能开工,但有的企业提前做好情感投资,如给予员工股份,让员工与企业共进退;逢年过节发放补贴等,做到"待遇吸引人、事业激励人"。

讲故事,说管理

应对员工荒

叶先生在宁波开了一家生产沙滩用品的公司,有500多名员工,员工队伍十分稳定。"企业这几年的发展势头不错,每年我都及时给员工涨工资,年底拿出一半的利润给员工发福利和奖金,谁家里有事,就是企业的事。企业发了,要让员工们的腰包也鼓起来。"叶先生说。

对于管理,每个人都有很深刻的理解与感悟,那么管理的核心究竟是什么?可以说管理的核心就是利益分配要有序和统一。无论管理者还是被管理者,都应该合理地获得自己的利益。若有的管理者想独占鳌头,把员工的利益压缩得厉害,那么,这样的管理,这样的企业肯定得不到很好的发展,不能创造辉煌。若有的被管理者既想获得巨大红利但又不想自己付出,或者获得与付出不成正比,那么,这样的员工也不能很好地开拓自己的事业,不会拼搏出美好的未来。

掌握管理的核心,体会用利益分配去平衡的意义,只有领导与员工齐心协力,合理分配奋斗果实,才能取得成功。合理有效的管理其实不需要你花费那么多的精力与心思,只要走上正轨,所有都会正常自动运行。

无论是二八定律,还是管理核心,都是管理学知识浩瀚海洋中的一部分。俗话说,"磨刀不误砍柴工",潜心学会运用二八定律,仔细体验,做到掌控自如,最后会让管理起到事半功倍的效果。

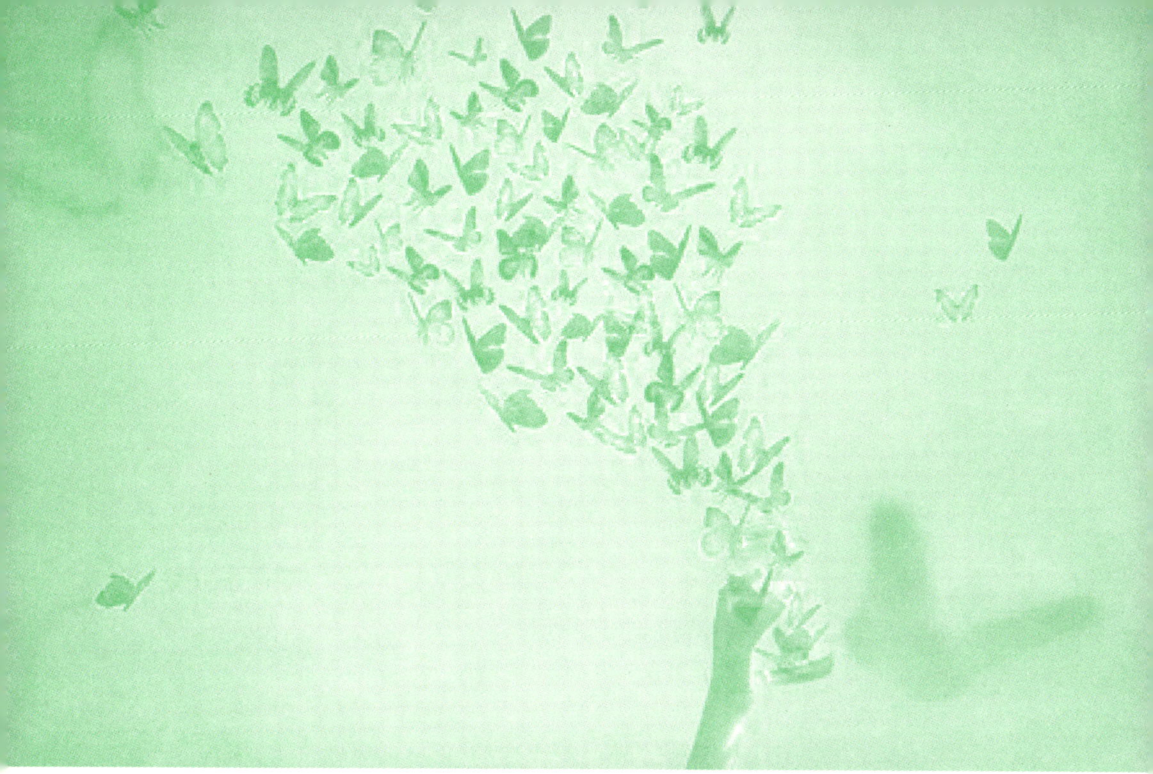

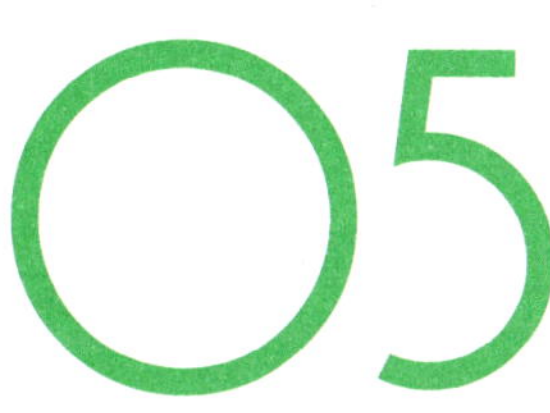

05 管理智慧：释儒道易蕴精华

中华五千年文化的精髓是什么？很多人可能没有关注过这个问题。作为中华民族的一员，关注中华民族历史文化的精髓是非常有必要的。

本章主旨

中华五千年文化的精髓用一句话概括，即“释儒道易”四个圈加诸子百家在不同时期站在不同视角发表的一些观点。

第一圈是“释”，也就是“佛”，解决人与自我的关系，它从内心来找自己的根，就是把自己内心的孽障找出来去掉，就是要以慈悲之心来换取凡心，最后达到心情的愉悦，使工作效率提升。

第二圈是“儒”，研究人与社会的关系，人不可以脱离社会存在，人是社会人，就要讲社会规矩。任何事情要把握度，符合“中庸之道”，要不偏不倚，要恰到好处。社会关系处理好了，工作管理就会顺畅。

第三圈是“道”，讲人与自然的关系。道家的思想就是“人法地，地法天，天法道，道法自然”。这里的“道”就是规律，只有遵循自然规律，管理才有可持续性。

最后一圈是外圈，就是“易”，研究人与宇宙的关系。《易经》站在宇宙的角度，它是大道之源，群经之首，是引领管理的秘籍。

一、中华文化蕴精华

(一)必须了解中华文化

中华文化源远流长，在五千年的传承过程中，这种文化特质已经深深地融入了中国人的血液之中。不管我们承认与否，不管我们是否经过国学的系统学习，成长环境、生活背景、周围的影响已经给我们深深地打上了中华的烙印。我们的哲学、价值观、思维方式、为人处事无不体现出中华文化思想。在中华文化的企业中成长、发展，不了解中华文化是不可想象的。

很多深谙欧美管理思想的管理者完全用欧美的管理方法来管理中国企业、管理中国人，未必行得通。越来越多的国际大公司，通过控股的形式转到了企业的幕后，把经营管理权全部交给熟悉中国文化的管理者。中华文化、中国思想历经几千年的沉淀，比其他文化更加厚重，视角更加宏大开阔，能够更为长远地指导人类的发展。中国智慧不仅仅用在中国企业，在全球化发展、环境快速变化的今天，必定也能在全球企业经营管理中大放异彩。

(二)中华文化要博学

我们要做好管理者，就必须要了解中华文化，了解中国人的思想。中华文化博大精深，百家齐鸣，从哪里开始的呢？什么是中华文化呢？现在有很多国学大师讲课，他们穿着唐装，号称自己有好几万的学生，但是很多观点都是伪国学，不能代表真国学。在他讲课的时候我们可以直接探索几个问题。第一个问题是,“什么叫国学?”有的人把《三字经》《孝经》以及很多儒家的思想当成国学,我们不反对,但是你必须搞清楚什么叫国学。我们可以问他,“释儒道易里面的释,也就是佛,算不算国学?”如果算,佛是2500多年前来自印度的;如果不算,可是经过2500多年,这种思想已经融入中国老百姓的文化思想当中了。那么佛到底算不算呢?如果说,这个问题涉及的时代可能太遥远了,那我们就问他近点的第二个问题,“马克思主义算不算?”你说不算,那么,我们中国共产党的思想理论基础就是马克思主义,你讲不讲?最后他就说不清了。

我们不反对某一种思想,我们主张年轻人一定要博学,我们中华民族的学习态度历来就是古为今用,洋为中用,现代文明更加要用。只有这种学习态度,才是中华民族传统的学习态度,知识是没有国界的,你一定要把它框起来,那就失去了生气;把框拿掉,那就有了韵味。如果说你接受不了“古为今用,洋为中用”,或者反对西方的“AA制度”,那么,你的观点就不能代表国学,你只是教条主义。我们不反对国学,但是一定要坚持博学,就是说要“古为今用、洋为中用、现代文明更加要用”,这是年轻人学习的一个方向和态度。

(三)中华文化是什么

中华五千年的文化是“释儒道易”四个圈加上诸子百家,在不同时期从不同视角产生的一些思想所构成的。中华文化博大精深,我们必须去提取它的精华。释儒道易四学是中华文化的核心,我们从这里汲取管理的精华与智慧。需要澄清一点,“释儒道易”和“释儒道易教”不是一回事,我们这里只讲释儒道易,只要吸收释儒道易里面的精华就好了。

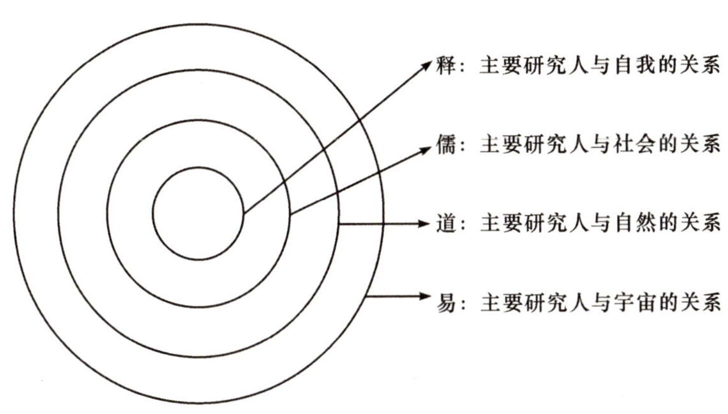

图 5-1　中华文化圈层关系

当然,诸子百家还有墨家、兵家等,不同时代有不同的思想,近代又产生了马克思主义。我们希望大家学习中华文化能够抓住牛鼻子,以免大海捞针。要研究人与自我关系的,从释里去找;要研究人与社会关系的,从儒里去找;要研究自然养生的,从道里去找;要研究整个宇宙的知识的,可以从易里去找。我这里说的易,不是周易的易,而是伏羲的先天易经,伏羲的先天易经和周易有很大的区别,有机会可以专题讨论。

二、释学:人与自我

中华文化的第一个圈是释学。它虽然来自印度,但是后来传到中国,所以它是生在印度,长在中国。后来印度的释学衰落了,而我们的却在兴起。现在很多信佛的人在顶礼膜拜,我不反对。很多老太太初一、十五就去进香,她们把钱节省下来随缘赞助,然后一早就出去拜佛,吃素念佛,这样挺好。第一,她们勤俭节约吃素,身体很好;第二,她们一早背着香袋去拜佛,也可以锻炼身体;第三,她们信佛,觉得自己没有灾难,所以身心愉悦。

达摩法师的《血脉论》中说:“即心是佛,见性见佛,身外无佛。”不了解佛是什么,你求了也白求,尽管你吃斋念佛不杀生,但是你还是见不到佛,因为你对佛不理解,那佛是什么呢?佛就是解决人与自我的关系,它从内心来找自己的根,就是要把自己内心的孽障找出来去掉,就是要以慈悲之心来换取凡心,最后达到心情的愉悦,然后涅槃脱世。但是所有的问题都可以用佛来解释吗?很多企业家去寺庙,然后心里就很舒服,就跟我说在寺院里什么烦恼都没有。我说,你错了,那是因为你被麻醉了,就像你痛了以后我给你吃止痛片,虽然暂时不痛了,这个止痛片药效过了以后,你还是会痛的。有个企业家是搞印刷的,手下有 380 位员工,企业发展粗放,效率低下,最后有难了躲在寺庙不出来,结果反而乱上加乱,他回去后更烦恼了;有些人把头发剃光了,但六根没清净,就算在头上弄九个戒疤,也是不能解决问题的。很多穿着袈裟的人是精神麻醉师,有时他们还不是一般的精神麻醉师,是寄生的麻醉师。所以达摩法师说这一类人是“恶人”,是“大恶人”。我们要明白佛是研究人与自我的关系。古人曰:“僧者静也,佛者觉也。”所以,佛不是神,而是觉。

(一)一切从心开始

1. 从心开始,反求诸己

古代有一个故事:因为战乱,一群逃难的人来到一座果园。果园里长满了果子,果园的主人也逃得不知去向。大家又饥又渴,纷纷去采果子吃。唯独有个人独自坐在墙角,不采不吃。别人劝他说:“这个果园是没有主人的,快来吃吧!”那人回答说:“果园没有主人。你自己的心,有主人吗?”我们往往忽视了自己的心,忘了去与自己的心交流,该想不该想的、该做不该做的全然不顾、不考虑。

在生活、工作中,很多人抱怨不断,抱怨没有机会、社会不公平、工资少。企业不仅是发展经济、创造利润的单位,更是人才培养与价值传播的摇篮。企业家是推动世界前进的重要力量,企业家要想发展壮大自己的团队,必须提升员工和自我的学习能力与反省能力。不抱怨、不找借口,努力把顾客服务好。这就是人的最宝贵的资源——心的开发。有的人从进公司到离开公司,没有什么大的长进,就抱怨这不好那不好,甚至归结到命不好,把责任一丢,换家公司还是老样子。所以说,一个人要从心开始,认识自己、反思自己,遇到事情先找找自己的问题,先问问自己能改变什么,有哪些是可以自己做到的,这叫作反求诸己。求自己、改变自己比求别人、改变别人更容易。一个人连自己都管不好,还要去管理别人,这就显得很苍白、很可笑。我们常说,"就他那个德行也想管我?"就是这个意思。

有个发生在身边的事情,一次出差,傍晚到一个饭馆吃饭,正是下班高峰,吃饭的人很多,但是几个服务员拖拖拉拉,都不愿意去收拾桌子,顾客在空桌子前等不及了,说:"能不能快点,怎么收拾个桌子都这么难?"服务员竟然说:"急什么急?等不上就去别家吃!"

当分析这个案例时,有的人觉得是管理制度不完善造成的,没能激励起员工的积极性;有的人认为是监督机制不完善,不能有效评价员工绩效;还有的认为是服务人员素质过低造成的。事实上,监督机制和管理机制是有成本的,不可能事无巨细地设计到每一个环节;服务员的素质也不是一朝一夕所能改变的,这样的饭馆能雇用到这样的人已经不错了。我们在给一个市的出租车运营管理部门做管理咨询时,他们的主管说所有出租车内已经装了视频摄像头和乘客评分器,下一步准备安装录音器材,把出租车司机和乘客的谈话也录制下来,防止司机出现不规范与不礼貌用语。这样真的有用吗?安装录音设备的成本暂且不说,光是收集录音、分析录音的人工费用就很高,结果还不见得好。

几年前去一家企业做咨询,让人特别注意的是那个卫生清洁员,过一会就出来打扫了,地上本来不脏都要拖一遍,洗手间也很干净。既没有人监督,也没有评分册,清洁员就是靠着自己的"心"来工作的。从"心"开始,并没有多高深的知识,就是要将心比心,做好自己应该做的事。小的时候,母亲会教导我们,做事情不是给别人在做,你所做的任何事都是给自己在做,这些事是你创造的价值,是你劳动的体现,深层次讲是你人品和能力的体现,摒弃错误的观念——"我是在为老板打工,何必那么卖力?"要从心开始,把事情当作自己的作品、自己的孩子去细心关怀。我们企业的管理就是要从关心人开始,要从得人心开始,一切从心开始。

讲故事,说管理

别让贪婪毁了你

有一个农民想买一块土地,他打听到有个地方的人想卖地,于是就到那里向当地人询问价格。

当地人说:"只要交两个金币,给你一天的时间,从太阳升起的时候算起,直到太阳落下地平线,你能用步子圈多大的地,这些地就都归你了。但是在太阳落下地平线之前不能回到起点的话,这些土地你将一寸也得不到。"

农民心里想:"那我辛苦一点,多走一些路,就可以圈更大的土地了,这样的生意实在是太划得来了。”于是他就和当地人签订了合约。

天刚刚亮，他就迈着大步向前走；到了中午，他也顾不得吃饭。当回头时他已经看不见出发的地方了，但是他仍然不停地往前走，心里在想：“再忍耐一点，以后就可以多享受一点了。”他又走了好远的路，眼看太阳就要落山了，他心里非常着急，因为太阳下山之前他回不到起点，这些土地都不属于他。于是他大步往回赶，可是太阳很快就要落到地平线以下了，终于他耗尽了全身的力气，在回到起点之前倒下了。

这个故事很多人都看到过，个中道理大家也都是明白的，可是又有多少人真的做到了呢？贪婪是人最本质的属性，无论是为了金钱还是权势，美色还是其他，都是难以拔除的。所以要对此加以约束和管理，将贪婪较好地隐藏起来或者将其转化为更加正能量的物质，借助它去追求幸福和快乐，是人最为重要的必修课之一。所以，你得正确地认识自己的本质，明白自己存在的意义。

讲故事，说管理

敞开心灵的栅栏

玛丽的丈夫因脑瘤去世后，她变得郁郁寡欢，脾气暴躁，以后的几年，她的脸一直紧绷绷的。

一天，玛丽在小镇拥挤的路上开车，忽然发现一幢房子周围竖起了一道新的栅栏。那房子已有一百多年的历史，颜色变白，有很大的门廊，过去一直隐藏在路后面。如今马路扩展，街口竖起了红绿灯，小镇已颇有些城市的味道，只是这座漂亮的房子前的大院已被蚕食得所剩无几了。水泥地总是打扫得干干净净，院内开放着鲜艳的花朵。一个系着围裙、身材瘦小的女人经常会在那里侍弄鲜花,修剪草坪。

玛丽每次经过那个房子,总要看看不断竖起来的栅栏。一位年老的木匠还搭建了一个玫瑰花阁架和一个凉亭,并漆成雪白色,与房子很相称。

一天她在路边停下车,长久地凝视着栅栏。木匠高超的手艺令她惊叹不已。她实在不忍离去,索性熄了火,走上前去,抚摸栅栏。它们还散发着油漆味。里面的那个女人正启动一台割草机。

"喂!"玛丽一边喊,一边挥着手。

"嘿,亲爱的。"里面那个女人站起来,在围裙上擦了擦手。

"我在看你的栅栏,真是太美了。"

那位陌生的女子微笑道:"来门廊里坐一会儿吧,我告诉你栅栏的故事。"

她们走上后门台阶,当栅栏门打开的那一刻,玛丽惊喜万分,她终于来到这美丽房子的门廊,喝着冰茶,周围是不同寻常又赏心悦目的栅栏。"这栅栏其实不是为我设的",那妇人直率地说道,"我独自一人生活,可有很多人来这里,他们喜欢看到真正漂亮的东西,有些人见到这栅栏后便向我挥手,几个像你这样的人甚至走进来,坐在门廊里跟我聊天。"

"可面前这条路加宽后,这儿发生了那么多变化,你难道不介意?"

"变化是生活中的一部分,也是铸造个性的因素,亲爱的。当你不喜欢的事情发生以后,你面临两个选择:要么痛苦愤怒,要么振奋前进。"当玛丽起身离开的时候,那位女子说:"任何时候都欢迎你来做客,请别把栅栏门关上,这样看上去很友善。"

玛丽把门半掩住,然后启动车子。她内心深处有种新的感受,但是没法用语言表达,只是感到,在她那颗愤怒之心的四周,一道坚硬的围墙轰然倒塌,取而代之的是整洁雪白的栅栏。她也打算把自家的栅栏门打开,对任何准备走进来的人表示出友善和欢迎。

2. 造人先于造物

松下幸之助在出席一期人事干部研讨会的时候,曾经问过在场的各部门的人事主任和人事部长:“拜访客户的时候,如果客户问你们,松下电器到底是制造什么产品的公司,你们怎么回答?”业务部门的回答是:松下是制造电器产品的。松下先生立马指出其错误,声明松下应该是培育人才的公司,兼做电器产品。

松下先生认为“造人先于造物”,这是因为企业是由人组成的,因此人的作用是必须要特别突出的。松下十分注重维系人心,其激励办法是精神和物质的组合式运用,这样不仅有利于开发员工的潜能,也有助于为企业选拔可造人才。松下还很善于处理与员工之间的关系,使员工对企业产生亲切感,这样使得员工愿意为企业提供合理化的建议。松下的阿苏津曾经说过,即使我们不公开提倡,各类提案仍会源源而来。据统计,松下集团有 6 万名员工,提案超过 66 万个,其中被采纳的就有 6 万多个,约占总提案数的 10%。除此之外,松下会对员工努力提出的提案进行奖励,或者会在公司出版的旬刊和公告栏对获奖者进行宣传表彰,这使得员工的积极性源源不断地产生,为松下发展注入新鲜活力。

在收到员工的提案之后,松下对其进行认真评审的这一行为也对员工热情的调动产生了很大的动力。员工认为企业关注自己、重视自己,因此,员工会为了企业和自己的共同利益而不懈努力。松下公司先进的育人理念和机制,为企业的发展提供了保障。

人是管理的核心。对人心的发现、调适和净化,才是企业宝贵的无形资产。我们经常因为排队、饥饿、炎热、别人的言语就生气发火,心情烦躁。写字楼常常要等电梯,很多人抱怨电梯的服务效率太低,抱怨完了心情也糟了,一天的喜悦心情也打乱了。尤其是上下班高峰期很多人急得不得了,急能改变现状吗?一些人因为拥挤大打出手,越着急反而变得更慢。作为管理者,首先要自己能安心,然后让自己的员工能安心、静心。心态好了,混乱、无序、摩擦自然减少了。

讲故事,说管理

嫁女儿观念

松下幸之助有一"嫁女儿理论",说:销售产品要像嫁女儿一样,我们每天经手的商品,就像自己费尽心血养育的女儿。顾客买走了我们的商品,就等于娶走了自己的女儿。所以我们一定要将自己的产品呵护负责到底。

3. 重新开始

再糟糕也要重新开始

佛家常说,放下屠刀立地成佛。放下过去,重新开始做一个新的自己。如果连当下都过不去,何谈成功?大家熟知的伟大发明家爱迪生,曾经为发明灯泡而尝试了上千种不同的做灯泡灯丝的材料。在六十多岁的时候,他的工厂因为一场大火而化为灰烬,但他仍乐观地说,他还年轻,一切还可以重新开始。晚清名臣曾国藩的一生就是磨炼的一生,他一生中充满了挫折,特别是在与太平军较量的过程中,屡战屡败。一次又一次的惨败让曾国藩心灰意冷、蓬头垢面、不饮不食,他走投无路,三次都差点自杀,但是每次,他又都能跳出自杀的心理纠结,重整旗鼓,走出阴影,最终取得胜利。

人要有大格局

一次,有一个学生打电话给我说,他这学期上了七门课,五门课不及格,他有点想不开了,无脸面对家人,不想活了。仔细询问原因,原来是他家庭条件不好,家里为了他学习便利,东拼西凑借钱买来新电脑,他打游戏耽误了学习,内心觉得十分不安。还有的学生失恋了,她就觉得分手的前男友是最好的,以后再也找不到这么好的了,捶胸顿足、痛不欲生。还有的学生因为毕业找不到工作,感觉受到了极大的耻辱和挫折,陷入巨大的痛苦无法自拔。我们看三国演义,诸葛亮三气周瑜,把周瑜气死了。大家可以想想,真的是诸葛亮气死他的吗?我想应该是周瑜自己气死自己的,如果自己想得开,目光很长远,胸怀很大,格局很大,恐怕没人能够气得死他。年轻人要有大格局、大视野,你把这些挫折放在人生的长河中,那实在是鸡毛蒜皮的小事了。

花未全开月未圆,最美

对于上述的这些学生,我一般要问他们,挂了五门课比生命重要吗?真的找不到比分手的前男友更好的人吗?现在找到了工作就是胜利吗?不见得,人生是会充满变数,经历很多磨难的。一直顺利的人生没有意义,做什么一做就成功,万事都随人意,那人生还有什么挑战?还有什么意义?正是因为充满变数和未知,人生才有莫大的乐趣。我们看到中了大奖的人往往过得并不开心,那么多的财富一下子到来,他感觉自己成功了,可以使劲花钱,最后欲望越来越膨胀,染上了不良习性,终有一天钱花完了,而赚钱的本领却没有学到,这种人是很可悲的。我们盼望没有任何挫折,这其实和中大奖的心理是一样的。我们生命追求的就是过程,享受过程,至于结果的话,大家最后都是死,不带走什么。每个人的人生之所以不同,就在于过程不同,有的人披荆斩棘,为社会造福,自己也得到了升华,体悟人生的真谛。花开到最艳,就是要到凋谢的时候了;月亮全圆了,就是要到残缺的时候了。我们太过追求所谓的完美,没有挫折,没有痛苦,这很难找到,即使找到了也不见得是好事。最好的境界是还能让人有所期待,让人能够改进,让人可以上升,受些挫折也是必要的,曾国藩说“花未全开月未圆,最美”,就是这个意思,去欣赏“不完美”的美吧。

成功全在忍辱受挫之时

我们再来看看那些成功的人士,他们的财产可能遭遇不测一夜之间化为乌有,甚至可能命悬一线、走投无路,这么大的挫折都能承受,这才是非凡的人生。我们的几门课不及格、失业、失恋难道比自己的事业和生命更重要吗?孟子说:“天将降大任于斯人也,必先苦其心志,劳其筋骨,饿其体肤,空乏其身,行拂乱其所为,所以动心忍性,增益其所不能。”正是能够忍受挫折,才能成就大任。曾国藩在给自己的学生黎庶昌的信中写道:“从古奇人杰士类皆磨砺中来,艰巨杂役,磨砺也;米盐繁琐,亦磨砺也。”曾国藩对江西一候选县丞说:“古来忠臣孝子,多半是处逆境磨炼出来的。若一片顺境,有何难处?”能够经受磨炼,忍受挫折,才能走出失败,从失败中吸取经验教训。具有能忍、会忍的品性是一个人走向成功的前提,也是成熟、有修养的标志。所以曾国藩才说:“一生成功全在忍辱受挫之时。”

(二)拿得起放得下

一个登山者首次不使用氧气成功登上了世界最高峰——珠穆朗玛峰。事后记者在采访他成功登顶的秘密时,他说:“这算不上什么秘密,科学家说大脑在激烈思考时会消耗人们吸入氧气的40%。为了减少氧气的消耗,我只有向前走这一个念头,其他任何想法统统抛弃。丢掉任何杂念,我就像放下了一个沉重的包袱,能到达顶峰,这就是成功的原因。”

我们每一个人都会面对功名、利禄、荣辱、爱恨、死亡、恐惧、犹豫、成败、苦乐、祸福……有些东西构成了我们奋斗的动力,有些给我们带来了莫大的压力甚至痛苦,该放下的时候要放下,执着于此,便成为人生路上巨大的包袱。每个人都希望像那个登山者一样成功,大家当初都设定了最美丽的愿景。但是,在奋斗之中应该放下荣辱得失之心,放下恐惧犹豫之心,不停向前,便是成功。

宋朝的吕蒙正,官拜副相,第一次上朝时,忽然有人大声嘲讽:“真是有趣,这种模样的人也能入朝为相?”吕蒙正像是没听到一样继续往前走,但是跟随在他后面的官员十分不平,拉住吕蒙正,非要帮他查出来到底是谁如此大胆,敢在朝堂上诋毁宰相。吕蒙正推开几位官员,说:“谢谢你们的好意,知道是谁在嘲笑我又有什么意义呢?要是知道了,心里放不下,以后还怎么共事呢?”

吕蒙正善于识人用人,他所举荐的人,都成为国家的栋梁之材。他放得下手中的权力,一旦用人,就不再用手中的权力去干扰和约束人才,让他们尽情发挥。有一次,吕蒙正的两个儿子愤愤不平地跑来说:“父亲,外面都在传说你无能,你是宰相啊!权力怎么都被别人分夺去了呢?”吕蒙正听后哈哈大笑:“我本来就没什么才能呀,皇上不就是因为我善于识人用人才提拔我当宰相的吗?我当宰相的任务就是为国家物色优秀人才,我要权力做什么呢?”

我们年轻人在奋斗的路上能放下个人的荣辱得失,像名相吕蒙正一样吗?我们应该具备这样的思想和这样的胸怀,不为一己之利去拼命揽权、嫉贤妒能、钩心斗角。我们在工作中要学习这种“拿得起、放得下”的智慧，要放开眼界、放开度量，去成就一番大事。放得下才能拿得起，放松心情，放下杂念，才能发挥出全部的能量，做好应做的事情。勇敢地承担起自己的责任，做好分内的事情，这就是拿得起；放下狭隘的偏见与自私的观念，经历过后就不再执着，这就是放得下。拿得起、放得下，是佛家带给我们的人生与管理智慧。

讲故事，说管理

神奇疗法

有一个中年人，年轻时追求的家庭事业都有了基础，但是却觉得生命空虚，感到彷徨而无奈，而且这种情况日渐严重，到后来不得不去看医生。医生听完了他的陈述，说：“我开几个处方给你试试！”于是开了四帖药放在药袋里，对他说：“你明天九点钟以前独自到海边去，不要带报纸杂志，不要听广播，到了海边，分别在九点、十二点、下午三点和五点，依序各服用一帖药，你的病就可以治愈了。”

那位中年人半信半疑，但第二天还是依照医生的嘱咐来到海边，一走近海边，尤其是清晨，看到大海，心情为之晴朗。九点整，他打开第一帖药打算服用，里面没有药，只写了两个字“谛听”。他真的坐下来，谛听风的声音、海浪的声音，甚至听到自己心跳的节拍与大自然的节奏合在一起。他已经很多年没有如此安静地坐下来听，因此感到身心都得到了清洗。

到了中午，他打开第二帖药，上面写着“回忆”两字。他开始从谛听外界的声音转回来，回想起自己从童年到少年的无忧快乐，想到青年时期创业的艰困,想到父母的慈爱,兄弟朋友的友谊,生命的力量与热情重新从他的内在燃烧起来。下午三点,他打开第三帖药,上面写着"检讨你的动机"。他仔细地想起早年创业的时候,是为了服务人群、热诚地工作;等事业有成了,则只顾赚钱,失去了经营事业的喜悦,为了自身利益,失去了对别人的关怀,想到这时,他已深有所悟。到了黄昏的时候,他打开最后一帖药,上面写着"把烦恼写在沙滩上"。他走到离海最近的沙滩,写下"烦恼"两个字,一波海浪随即淹没了他的"烦恼",洗得沙滩一片平坦。这个中年人在回家的路上,再度恢复了生命的活力,他的空虚与彷徨也就治愈了。

"谛听",就是说要专心地听外在的声音;"回忆",即要反思自我,反观自己内心;"检讨你的动机",是说我们需要找回自己的初衷;"把烦恼写在沙滩上",是"放下"最明白的解释,待海浪冲刷,一切终将烟消云散。

(三)善心如水

1. 善心改命运

相由心生,常怀善心的人,面相和悦、声音洪亮、气质高雅。布施越来越多的善缘,结识越来越多的善人。物以类聚,善心的人可以慢慢使自己周围的人发生改变,聚集的都是善人。越来越多的人愿意和你合作,他不担心你欺骗他,不担心你背后诋毁他,相信你的人品和德行,合作时首先就想到你。长此以往,慢慢就改变了自己的环境,为自己提供了发展的机会,命运也由此改变。

《了凡四训》是明朝袁了凡先生所做的家训,分为四篇,分别是立命之学、改过之法、积善之方与谦德之效。教诫他的儿子袁天启,认识命运的真相,明辨善恶的标准,改过迁善的方法,以及行善积德的效验;并且以他自己改造命运的经验来“现身说法”,让人心目智慧豁开,信心勇气倍增,来改造自己的命运。企业家和管理者要有善心,有德行才能改变企业的命运,使企业长盛不衰。

很多时候觉得这个人看不惯,那个人不顺眼,顺眼的人还有几个缺点你受不了,一下子就看到别人的不足和缺点,却很少反省自己,很少发现自己的毛病和问题。善心使我们能够平等地看待每个人、看待事情,不因为自己的偏见和喜好去评判别人。善心能使我们的胸怀更加宽广,能够站在对方的角度着想,能够容纳越来越多的人,能够与越来越多的人交往。

讲故事,说管理

做个能保护弱者的人

了缘大师出家之前俗名叫了了。

有一次,4岁的小了了和父亲、母亲假日里到森林中去。森林是那么美好,那么欢快。父母带了了来到盛开着铃兰花的林中旷地。

林中旷地附近长着一丛丛野蔷薇,一朵花开放了,粉红粉红的,芬芳扑鼻。

全家人都坐在灌木附近,父亲在看一本有趣的书。突然雷声大作,接着大雨如注。

爸爸把自己的雨衣给了妈妈,虽然她并不怕淋雨;而妈妈却又把雨衣给了了了,虽然他也并不怕淋雨。

了了问道:“妈,爸爸把自己的雨衣给您,您又把雨衣给我穿上,你们干吗这样做呢?”

“每个人都应该保护更弱小的人。”妈妈回答说。

"那么,我干吗又保护不了任何人呢?"了了问道,"就是说,我是最弱小的人啰?"

"要是你谁也保护不了,那你真是最弱小的人!"妈妈笑着回答说。

了了朝蔷薇丛走去,掀起雨衣的下部,盖在粉红的蔷薇花上;滂沱大雨已经冲掉了两片蔷薇花瓣,花儿低垂着头,因为它娇嫩纤弱,毫无自卫能力。

"现在我该不是最弱小的吧,妈妈?"了了问道。

"是呀,现在你是强者,是勇敢的人啦!"妈妈这样回答他。

帮助那些需要帮助的人是一种良好的品德。能够关照和帮助别人的人就不是弱者。

2. 关爱培育员工

作为领导重要的任务就是用对人,发展人,让追随你的员工都得到发展、成长。有的中层干部是业务能力极强的员工升任上来的,有种"我最厉害"的感觉,觉得其他人都不如他,听不进别人的意见,更不用说去重用员工,久而久之,变成了孤家寡人。作为管理者,打铁还需自身硬,自己要像个领导的样子,要能容人、识人、用人。像尊敬自己一样尊敬别人,礼贤下士。老实说,很多规章制度和考核指标发挥的作用并不大,最后的结果是上有政策,下有对策,成了为了指标而努力,为了指标而指标。

榜样是最直接、最低成本的教化品。你不用工作指南反复宣传行为标准,只需要树立一个榜样,大家一看就学着他来做,效果很好。那么企业里大家向谁看齐呢?自然是领导,领导也是最好的榜样。我们希望员工怎么去做,我们就以身作则去教育、引导员工,比苦口婆心去说教效果好得多。我所认识的一个领导,每天工作来得最早,走得最晚,他不硬性要求大家准时到,但到岗效果却比其他部门好得多。员工每天上班看到领导早早就到了,于是自己就不好意思晚来了,也不好意思找借口了。员工早走看到领导还在,他也没有理由了。久而久之,大家都向领导学习,工作风气好,员工凝聚力强。领导每件事都以身作则,打印的材料,尽可能地用打废的纸背面再利用,办公室只开一盏灯,尽量少用空调。大家经过一段时间的了解与观察,都纷纷效仿。

我们可以想一想,一个自己都做不到的领导,反而天天要求员工做到,效果能好吗?恐怕即使制订了严格的规章制度,员工也是"人在心不在",没有效率。所以把员工当作自己的孩子一样关爱和培养,用善心去感化员工,改变员工的行为与工作模式。"经师易得,人师难求",真正难得的是"人师",把自己积累的经营、管理的理念、深厚的品德转移给部下,让他们不仅能在事业上成长,而且能终身受益,这才是企业家、管理者应有的善心。

讲故事,说管理

一栋房子的价值

这是发生在英国的一个真实的故事。

有位孤独的老人,无儿无女,又体弱多病,他决定搬到养老院去。老人宣布出售他漂亮的住宅。购买者闻讯蜂拥而至。住宅底价 8 万英镑,但人们很快就将它炒到了 10 万英镑。价钱还在不断攀升。老人深陷在沙发里,满目忧郁,是的,要不是健康情形不行,他是不会卖掉这栋陪他度过大半生的住宅的。

一个衣着朴素的青年来到老人眼前,弯下腰,低声说:"先生,我也好想买这栋住宅,可我只有 1 万英镑。可是,如果您把住宅卖给我,我保证会让您依旧生活在这里,和我一起喝茶、读报、散步,天天都快快乐乐的,相信我,我会用整颗心来照顾您!”

老人颌首微笑,把住宅以1万英镑的价钱卖给了他。完成梦想,不一定非得要冷酷地厮杀和欺诈,有时,只要你拥有一颗爱人之心就可以了。

三、儒学:人与社会

第二个圈是儒学,它研究人与社会的关系,人不可以脱离社会存在,既然是社会人,就要讲社会规矩。孔子的很多主张与当时的社会制度并不完全吻合,我们要学习他好的东西。首先,人在社会中要有规矩,但这不是指“君君臣臣父父子子”那一套;其次,任何事情要把握度,即“中庸之道”,要不偏不倚,要恰到好处,保持一种合理的社会关系。

(一)做事讲规矩

何谓规矩?《荀子 · 礼论》曰:“规矩诚设矣,则不可欺以方圆。”在这里,荀子将规矩分为“规”和“矩”,是用来校正圆形、方形的两种工具,多用来比喻标准法度。《红楼梦》第七回中有云:“亲友知道岂不笑话咱们这样的人家,连个规矩都没有?”于此,规矩又可引申为人的言行正派、老实。《官场现形记》第三十一回中说:“如今我拿待上司的规矩待他,他还心上不高兴。”这里,规矩就是成规、老例的意思。

常常有一些刚毕业的大学生,在公司上班,没事干就上网玩游戏、看电影、网络购物,理由很简单:我要做的事情已经完成了,为什么不能玩一玩呢?玩一玩还可以放松心情,提高效率。实际上是不是这样呢?表面上看是很开放,有效率的做法,实际上是不守本分,为自己找借口。公私分明,上班时就做公事,不要做自己的私事,这是基本的规矩,一个人如果不守规矩,是很难有进步的。事实上,公司每引进一位员工,都是希望培养成才,加以利用的,没有几个企业敢说自己不是这样。那么公司对新员工也会特别关注,看看你的特点、性情、能力、志向等,考察是全方位的,有正式的考核,也有隐蔽的观察。从大的方面来看,我们要遵守社会规矩,生财有道,不能为了赚钱去做违法的事情,“要做事,不要坐牢”。

礼仪也是社会规矩的一种,明理崇礼,能够让人容易接纳你、帮助你、尊重你。古话说:不学礼,无以立。个人的言行要与其在社会活动中的身份、地位、社会角色相适应,也能反映出个人道德水准和教养的尺度。做经理就要有经理的样子,首先要悉知现在的商务礼仪,注意个人的服饰、仪容仪表是否和自己的身份相配合。最重要的是内在的修养,这是需要长期积累的,看起来稳重大气,踏实进取,言谈有魅力。你的个人形象为企业塑造了好的组织形象,并向外界传达了企业信息,提高了办事效率。拿马云来看,他不仅代表着阿里巴巴,在全世界的商界里面,他也代表了今天中国和世界的创业者。

讲故事,说管理

曹操割发代首

曹操的官兵在经过麦田时,都下马用手扶着麦秆,小心地跨过麦子,这样一个接着一个走过麦地,没一个敢践踏麦子的。老百姓看见了都纷纷称颂。有的望着官军的背影,还跪在地上拜谢。

曹操骑马正在走路,忽然,田野里飞起一只鸟儿,惊吓了他的马。他的马一下子蹿入田地，踏坏了一片麦田。

曹操立即叫来随行的官员，要求治自己践踏麦田的罪行。官员说：“怎么能给丞相治罪呢？”

曹操说：“我亲口说的话都不遵守，还会有谁心甘情愿地遵守呢？一个不守信用的人，怎么能统领成千上万的士兵呢？”随即抽出腰间的佩剑要自刎，众人连忙拦住。

这时，大臣郭嘉走上前说：“古书《春秋》上说，法不加于尊。丞相统领大军，重任在身，怎么能自杀呢？”

曹操沉思了好久说：“既然古书《春秋》上有‘法不加于尊’的说法，我又肩负着天子交给我的重要任务，那就暂且免去一死吧。但是，我不能说话不算话。我犯了错误也应该受罚。”

于是，他就用剑割断自己的头发说：“那么，我就割掉头发代替我的头吧。”

曹操又派人传令三军：丞相践踏麦田，本该斩首示众，因为肩负重任，所以割掉头发替罪。

现在的人觉得剪头发是件很正常的事，可是，古代人认为：头发是从父母那里继承来的，随便割掉不仅大逆不道，而且还是不孝的表现。曹操作为封建社会的政治家，能够割发代首，严于律己，实属难能可贵。也正是因为他坚守军规，所以曹军的士气一直都很强大，而且曹操本人也深得将领和后人称颂。

(二)行为有分寸

儒家的管理思想是中庸之道，就是“无过之而无不及”，不偏不倚，恰到好处，要掌握分寸，要把握度。任何事情都有几个部分构成，同一个事物也有正反两面。这就涉及几个部分和几个方面的平衡。我们生产汽车,你把技术做到极致就可以了吗？不可以,你还要考虑客户是否喜欢,价格是否合理,是否有足够的市场,等等。那么把客户服务和市场销售做到极致可以吗？最佳的服务体验、最好的品牌理念也不行,很快就会被新产品取代。技术和市场需要平衡。

说话有尺度。我们说话切忌把话说满了,说绝了,那样就没有余地了。客户问你原料什么时候能送到,你说:“放一百个心,保证明天送到。”结果路上堵车,客户还在那里等着生产用料。你很想把事情做好,结果客户还很不满,我们说话要有余地,把“绝对”“一定”之类的词换成“尽力”“全力”更好。

行为有节制。现在一些年轻人行为失去了节制,喜欢一件衣服、一部手机,或者某个品牌,省吃俭用也要买一个。为了追剧,半夜不睡。见了偶像,连喊带叫。任何东西都不能过分地执着与痴迷,过度了就是一种病态。没有节制的暴饮暴食,更加增重了体重;不加控制自己的虚荣心、嫉妒心,祸患便来了;在情感上过度追求物质与放纵欲望,就品味不到爱情的真谛。

交往讲分寸。一些人在公司上班,遇到自己喜欢和亲近的同事,笑脸相迎,一切好说;遇到不熟悉、不喜欢的同事,爱理不理。在公司就是一个公共空间,要把个人的喜好、偏好放在后面,把公司的利益放在第一位。公司是为大家服务的,不能假公济私,对待所有同事都要一视同仁。只和自己喜欢的人交往,不免有小圈子之嫌,和其他同事也无法展开深入的合作,反而给别人留下一个拉帮结派、任人唯亲的形象。

办事重策略。做事情要注意方式方法,你作为营销部经理,有一天你的领导说要你把下半年销售人员的业务量增加10%,你会怎么办？你直接给营销部门员工开会说:“各位,老板要求我们下半年业务量增加10%,我们必须完成,完不成的扣奖金和工资。”大家一定会反对:“老板太没良心了,我们完成现在的任务已经非常困难了,还要增加10%的任务量,让他自己去完成吧。”直来直去往往达不到应有的效果,中层干部重要的一点工作就是要做好上情下达。

同样的事情,你可以开会对销售员们说:“最近企业压力很大,需要增加业务量,老板觉得大家都很辛苦了,不能再增加了。我想再找大家商量一下,看看还能不能再增加业务量,帮助企业渡过难关。实在不行也不要勉强,我去向领导汇报。小李,你说说看?”小李:“最多5%。”“老王,你是公司元老,经验最丰富,说说?”老王:“最多10%撑死了,多了大家也做不了了。”这时你说:“大家一心为公司,我去向领导申请,一定不能超过10%。”

(三)思维要平衡

很多企业觉得招聘到合格的秘书或者助理很难。从硬件条件上看,符合秘书的长相、学历、写作能力、电脑技术要求的人太多了,但是为什么还是不好招聘呢?一家企业招聘会计,没有招聘名牌大学会计专业毕业的成绩优秀的硕士生,反而招聘了一个有几年工作经验的专科学历会计,问题在哪里?企业招聘也是符合中庸之道的,不仅仅看学历、看成绩、看硬件,而是要看软硬件的平衡。特别对于管理来说,是一项长久、综合的工作,涉及问题处理、沟通协调、矛盾解决、团队合作等众多“软件”问题,不是简单的成绩和文凭可以替代的。

进德修业的平衡。每个人必须“做事”和“做人”两条腿走路,废除任何一条腿都走不快。我们现在的学校太注重“做事”,讲授课程注重实用,拿来马上能用,马上能赚钱最好,至于"做人""明理"等学问则被逐出课堂。这种只掌握做事方法的人,在公司中也很难有长远的发展。进德修业两者需要平衡,没有事业的进德显得很虚,失去了发展根基;没有进德的做事,就失去了发展的意义。随着职位的升高,做人所占的比重越来越大,怎么样通过深厚的道德去影响别人,获取下属的信任与支持,如何用人,如何回馈社会等成为关注的重点。

个人与团队的平衡。竞争不只是个人的竞争,也是团队和团队、企业和企业之间的竞争,我们要注意到个人和团队之间的平衡。合理的自利是必要的,如果抱着事事计较,有利去做,没利不干的想法就成了孤家寡人。一些人只要是损害到自己个人利益的时候,就会出来尽力维护,不考虑这件事是不是公正的、公平的。很多人的想法是:只要别人说我的不是,我就觉得别人是坏人;只要我没得到的,就说这里面存在猫腻,不公平。事实上,我们应该把个人和团队利益结合起来考虑,本着"为公要争,为私要让"的原则去做事,是不是更好呢?

四、道学:人与自然

第三个圈,"道",创始人是老子。老子比孔子大 26 岁,释迦牟尼比孔子大 14 岁,同一个时代出了三位圣人。因为这个时代有独特的背景,战火纷飞,当时的印度比中国更乱,有 16 个小国家,他们都是历史造就的圣人。那道家讲什么思想呢?就是"人法地,地法天,天法道,道法自然"。这里的"道"就是规律。老子喜欢水,说上善若水,认为水是最高的境界,"道"就是讲人与自然的关系。养生和学道是最好的,孔子 73 岁就去世了,据传,老子200多岁时还题诗呢,就是因为他讲求“道法自然”。

(一)精彩的对立统一

道家最为精彩的思想就是对立统一,上与下,左与右,前与后等,任何事情都是对立统一的,很多事情想不出来的时候都可以从对立面去找。易经八卦图什么东西都可以代进去,把人代进去,白的是男人,黑的是女人,男人加女人就是人类。女人身体里面有男性荷尔蒙,但是只有一点点,这个就是主要矛盾和次要矛盾;同样男人身体里面也有女性荷尔蒙。如果雌性荷尔蒙没有了,那脾气太臭了;如果雄性荷尔蒙没有了,那就失去了阳刚之气,软绵绵的。

所以当我们把这张图给西方哲学院士看的时候,他们说:“哇,所有哲学都在里面。”这个就是对立统一,正反两方面,正的方面从反方面去看。“曲则全,枉则直,洼则盈,敝则新,少则得,多则惑”;“不自见,故明;不自是,故彰;不自伐,故有功;不自矜,故长;夫为不争,故天下莫能与之争”;“将欲歙之,必固张之;将欲弱之,必固强之;将欲废之,必固举之;将欲夺之,必固与之”。这些名言都展现出道家精彩的辩证思想。

我们可以认真地体会到里面的管理哲学,委屈反而可以保全,如果我们放弃一点个人的利益,谦让一下个人的功劳,反而可以使企业发展得更好。我们躬下身来,会跳得更高、更远、伸得更直。我们静下心来、放低姿态,反而可以积蓄力量、变得盈满、获得盈利。破旧才萌生着更新的机遇,破旧反而可以更新。少了反而可以得到,多了反而变得疑惑。多到处理不过来的信息,分析不完的数据,太多的选择让人迷惑。

我们为人处事,不自我表现,反而更凸显;不自以为是,反而更显著;不自夸邀功,反而有功劳;不自大自满,反而能够长久。正因为不和人争,所以全天下没有人能和他争。在企业发展与竞争战略的制定中,就想到:想要扩张它,必须先要收敛;想要夺取,必须先要给予。

讲故事,说管理

委曲求全,假痴不癫

这个故事出自于《三国演义》第一百〇六回“公孙渊兵败死襄平,司马懿诈病赚曹爽”。故事的大致内容如下:

在魏明帝薨后,根据遗诏由其幼子即位,并由大将军曹爽和太尉司马懿共同辅政。起初,曹爽不敢自专,事情一般由司马懿决断,但是后来曹爽引荐了一些心腹,架空了司马懿的权力。面对这种情况,司马懿无可奈何,失去兵权以后,他更加无法与曹爽抗衡,于是称病在家以躲避曹爽。

曹爽在不久以后派自己的心腹李胜去司马懿家告辞,借机探查其动静。司马懿自然是知道曹爽的用意的,于是在李胜到来之时故意让自己的两名婢女搀扶着坐在床上,见到李胜之后还将衣服掉在了地上,随后又向婢女示意递上粥,在喝粥的时候,又让粥汁顺着口角流到胸前。后来他又叫来自己的两个儿子,让他们与李胜结为好友,方便在自己去世后有个照应。

李胜看到司马懿这个样子,就乐不可支地告诉曹爽,说司马懿活不长了,于是曹爽就更加肆无忌惮地恣意弄权了。

翌年正月,幼主曹芳按惯例到高平陵去祭拜祖先,曹爽兄弟也跟随其出行,司马懿则在城中部署兵马,控制了都城,并派人给曹爽送信说:“大将军曹爽背弃顾命,败乱国典,内外专权……天下汹汹,人心危惧。

现在皇太后命罢免曹爽兄弟官职,自回家中,不得在外逗留,如果胆敢违抗,便以军法从事。”曹爽兄弟不明司马懿之意,写信给他,求司马懿接济一些粮食,司马懿收到书信之后立马令人送来粮食、肉脯、盐、大豆等。曹爽兄弟开心极了,以为自己可以免去一死。

殊不知,司马懿已剪除了曹爽的党羽,控制了大势,不久之后,曹爽兄弟也被投入监狱,以谋反大逆的罪名被诛杀尽净。司马懿在这场政治斗争中获胜了。

(二)把握时机的时中

道家是时中思想,讲恰逢其时,讲天人合一。比如一年 365 天有 24 个节气,每个月 2 个节气,一年之计在于春,一日之计在于晨,所以就要好好把握。老子的时中思想就是说:“适时之宜,知时之行,观时之变,用时之际。”就像如果芒种的季节过了,再种就没意义了。早上 5 点至 7 点是卯时,卯时的太阳最补,过了卯时就不能把脸面对太阳,下午更不能晒太阳,因为这时晒太阳不但不合适,反而对身体有害。

另外很多人觉得现在的中药不起作用了,这是因为现在的中药都靠种植,采集也没有古代这么讲究,采集时间不对,就发挥不出效果。古代的中医注重什么药在什么地方什么时间采。同样,管理也要“恰到好处”,只要管理方法适应当时的情况就会发挥作用。道家讲求道法自然,天人合一,最好的状态就是内因和外因的高度结合。管理的原则,也应该是“时中”,就是“时时都保持合理”,随机应变,合理因应,这与西方的“权变”思想是一个道理。现在正确的东西、正确的决策,时间一变、地点一变就发生了变化,不一定正确。在管理中,我们要观察事物的状态,看它发展到了哪个阶段,采取不同的策略和措施。

举个例子来看,苹果新手机上市的时候卖四五千元,过段时间就卖三千多元,再有新一代的产品出来就卖到了两千多元,为何会有这样的价格变化?这就是“时”不同了,需要开发新一代的产品,要制定新的价格策略,要有新的营销方式和促销手段。看看现在电子商务、微博、微信等新技术、新工具的出现,所有的广告与营销策略都要开始借助这种新技术,来符合“时”的要求。一张正价的机票如果要1500多元,淡季的时候400多元就可以买到了,不同的“时”,不同的管理策略,现在火车票也开始打折了,这是适合“时”的好现象。事物是变动的,不同的时间有不同的特点,不同的季节有不同的需求,掌握好了“时”才能事半功倍。

我有个同学,他的投稿往往能获得报社和杂志社的采用,其中的奥秘是什么?他掌握了“时”,2月初开始撰写爱情方面的稿件,3月写妇女权益方面的文章,5月写劳动者保护方面的文章……这些稿件正是杂志社在这些时段急需的,一般投了就能发。只要善于挖掘“时”,处处有文章。有一年,北方普降大雪,他就赶快收集资料,写作过年旅客运送和蔬菜运输等方面的文章,你想想,这时的报纸、刊物正需要这方面的文章,基本是写了就能发,如果这时去写妇女权益保护就不合时宜。

抓住了“时”,就占据了天时,抓住了商机。如果你是一个卖玉的店铺,你会怎么卖玉?要看客户所在的“时”,如果是新客户,第一次来的客户,你必须要把你的玉讲解明白,拿出货真价实的货物,第一次交易是不图赚钱的,要让客户得到最大的实惠。因为第一次来你这里买玉的顾客一般不会买很贵的,因为不信任,他先买个稍微便宜的试试。顾客回去一对比,或者用的时间长了,就能体验出这种物超所值,会继续购买或者推荐给其他人。当第二次、第三次来的时候,信任度逐渐在积累,越来越敢买价值昂贵的玉,到了这一阶段才是获利的时间。新客户注重价格,时间久了的老客户在意的是价值。

不同的“时”,客户的需求是不同的,刚开始的时候关注产品、价格、质量,慢慢关注关系、维护、互动,最后发展到情感、感受、信任。任何企业都一样,不同的“时”有不同的经营管理、不同的营销服务、不同的客户管理。一开始让客户开始使用和接触这个东西,像“快的打车”和“嘀嘀打车”,大量投资补贴出租司机和乘客,就是为了扩大它的客户端软件使用市场。客户光对产品满意还不够,还考虑售后是不是方便,企业是否能及时解决出现的问题,企业的品牌、形象和文化是否是其所喜爱的。

如果我们要电话联系客户,选择什么时间最合适呢?工作日最好在上班15分钟后,下班15分钟前。因为刚上班他才来,要打开电脑,打扫一下桌子,看一下新闻,这时候打来电话电脑还没开,数据都看不到,怎么回复?同样,快下班时,客户心已经不在工作上了,准备收拾回家。那么周末呢,最好早上9点以后再打,让人家睡个好觉。拜访客户要选择合适的“时”,时间不对,就达不到应有的效果。

那我们作为一个企业老板出去究竟应该讲排场一些还是节俭一些?有的说节俭是美德,任何时候都应该简朴;有的说老板就要有老板样,要排场,不然别人怎么能高看你呢?究竟哪一种做法对?出去的时候要不要开豪车?我说应该看“时”,你去银行办理贷款,那应该讲排场,开好车,人家就会觉得你有偿债能力;如果是去纳税,那么应该简朴,你开着豪车只交那么点税收,人家就会怀疑你偷税。所以“时”很重要,不能一概而论,适时就是有用的,不适时再好也没用,口渴已经解决了,再送来水的意义就不大了。任何一种管理思想与方法都是一样,难说正确不正确,只能说合适不合适。

讲故事，说管理

恰到好处的掌声

1991 年,一位来自辽宁沈阳的父亲带着 9 岁的儿子,去北京寻找他们的音乐梦。

父子俩一无所有,根本不足以引起音乐界的重视。父亲费尽周折,花高价联系了一位有名的钢琴师上辅导课。但是在第一天,钢琴师就否定了这个学生,性格倔强的儿子当场就和老师吵了起来,师生俩闹得不欢而散。

看着不争气的儿子,父子俩也起了争执,他们的争吵引来了儿子班上的同学。小朋友们你一言我一语地帮着劝开了,都说儿子钢琴是最棒的,喜欢听他弹钢琴。受到鼓励的儿子以前所未有的激情弹了好几支中外名曲,获得了连绵不断的掌声。于是儿子做出了一个改变一生的决定,那就是要学好钢琴。10 年以后,他成为中央音乐学院最年轻的客座教授,并且凭着一系列成功的演出技惊中外。他,就是被誉为"百年不遇的钢琴天才"郎朗。

很多人问起郎朗的成功秘诀,郎朗动情地说,正是小学时那场特殊的晚会和那些掌声,给他带来了莫大的鼓舞和肯定。正是它们,拯救了一位音乐天才。

很多时候,或许我们没有那么的厉害,抑或没有那样强大的信心,但是正是一些恰到好处的东西拨动了我们心中的那根细小的琴弦,潜在的力量便可无限地爆发出来。

(三)万物有三的认知

老子讲:“道生一,一生二,二生三,三生万物。”反过来就是说万物有三,任何事物都要用三分法来看待。西方哲学讲的是一分为二,中国人的管理思想既讲一分为二,又讲一分为三,一分为二这种辩证法最早在老子的《道德经》中便有突出的体现。《道德经》在全世界翻译出来,出版量仅次于《圣经》,所以不管是康德还是他的两个弟子,哲学界公认的辩证法老祖宗还是老子,而不是西方的任何一个哲学家。事实上,中国人既讲一分为二,更讲一分为三,其中的奥妙就在于一分为三。一分为二和一分为三到底有哪些区别和联系?一分为三有哪些好处?怎样运用一分为三到我们的管理当中?“一分为三”这个有用的工具,需要我们好好把握。

中国古代管理有三件宝,儒家的“势、法、术”和道家的“道、法、术”,这三件宝最早出现在《黄帝阴符经》中,约 300 字,从三个层面运用于管理。比如做股票,“势”就是要看大势,要看整个经济运行环境,看太阳是早上八九点钟的太阳,还是晚上四五点钟的太阳,如果是四五点钟的太阳你就要赶紧跑,大势肯定不好了。然后要看整个国际形势是往上走还是往下走,这个就是大势,也叫大盘。看对大势就赚钱,看错势就赔钱,不知道大势的人,怎么弄怎么亏。

另外,现在很多留学回来的人成为“海待”,高不成低不就,只能待在家里待业。为什么?就是因为他选错专业和方向了。那应该怎么选呢?家里有背景的,要选择有宽度的专业,比如学 MBA;没背景的人,就要选择有深度的专业,比如会计师、精算师、工程师。这种判断就是“法”。“法”,就是在大势下面,要看板块。就像我们学生毕业以后,虽然都是学管理,但是要看学的是工程管理、行政管理、农业管理还是其他方面的管理,要搞清楚自己学的东西究竟是什么,这样才能找准工作。“术”,就如股票各股的技术指标,很多人只是研究“术”,这是雕虫小技,成不了大器。“术”和“法”只有在大势好的情况下才能运用,离开对大势的把握,难以取得好的效果。中国人的一分为三的思想被普遍应用,比如“天地人”,从人的角度来看,人也有好中坏、高中低,领导干部、管理层也分为不同层级。

从人走向成功的历程来看,也是一分为三的,就是“力、智、天”的过程。开始创业的时候靠的是力,通过脑力劳动和体力劳动,积累你自己的人生财富,这是成功的第一个阶段。到了拥有一定财富,比如 500 万元、1000 万元,这个时候力的作用不是主要的了,而是靠“智”,用这些原始积累去炒房地产、炒股票还是办企业?智高者,1000 万元投进去就变成一个亿,两年以后变成 10 个亿;有的 1000 万元投进去没了,打水漂了,又回到原来的地方,要重新开始打工了。所以那个时候,当你投资收入高于本来收入的时候,就靠“智”了,这是成功的第二阶段。当产业做大后,智就不是主要因素了,要靠“天”。这个天分为两个属性,一个是自然属性,一个是社会属性。你一定要看大的环境,国家的宏观调控要把你污染的企业关了,你螳臂挡车是没用的。

五、易学:人与宇宙

最后一个圈是外圈,就是“易”,易经是研究人与宇宙的关系。以前的华佗也好,其他有名的医学家也好,都在研究易经,像《黄帝内经》的思想就来自易经。当然周易和易经是不一样的,周易是易经的历史产物,它们是有区别的。从产生时间上看,易经接近 8000 年,周易才 3000 年,中间差 5000 年,中间还出现了"连山易、归藏易"。周易只是一个时代的产物,不能完全等同于易经。周易的视角只是站在中国国家的土地上,而伏羲是站在整个宇宙的视角上,周易的方位图放在中国是合理的,放在其他国家就不一定了。但是易经就不一样了,它是大道之源,群经之首,蕴藏着无限的智慧,包括西方哲学的思想全在里面。易经无愧于群经之首,是老祖宗真正的瑰宝,它博大精深。根据本书主题,我们选择从管理角度去研究易经。

(一)道法自然、天人合一

道作为易经的最高哲学概念,是世界万事万物的总根源,它无形无象,赋予我们生命和源源不断的力量,帮助我们不断成长。它是客观的、自然的,不以人的意识为转移,它养育万物却不占有,给予却不自恃有功,奉献而不索取,所以说,道不主宰人的命运。我们顺应"道",按照万事万物"道"变化的规律去办事,在"道"的规律下成长、发展。

讲故事,说管理

摩根士丹利的惊人预见性

2011 年 9 月 11 日,我相信全世界的人都能记得这个日子,美国人把它视为"黑色星期二"。就在那一天,纽约的地标性建筑物——世贸中心双子楼在恐怖组织的袭击下轰然倒塌,楼内许多大公司的商务数据也随之"灰飞烟灭"。

然而,该楼的最大的主顾之一——摩根士丹利却在灾后的第二天就进入了正常的工作状态。公司宣布,除了某些工作人员的不幸失踪,世贸中心的倒塌没有给公司的客户资产带来重大损失。危急时刻,摩根士丹利花费巨资添置的远程数据系统坚持到了大楼倒塌前的最后1秒钟,将重要的业务信息全部传送到了几英里外的一个办事处。

几年以前,摩根士丹利制定的数据安全战略,在这次大劫难中发挥了将突发危机的不利影响下降到最低限度的功用。

《易经》豫卦中说:"豫,利建侯行师。"意即领导者应当具有预见性,这有利于建功立业,有助于达到团队的目标。《礼记·中庸》中也说:"凡事预则立,不预则废。"事后控制不如事中控制,事中控制不如事前控制,尤其是领导者,更应该具有未雨绸缪的意识,做好应付各种可能出现的危机的准备。

讲故事,说管理

勇于冒险

比尔·盖茨可以说是一个家喻户晓的名字,那他是靠什么法宝建立了他的微软帝国?他为何在竞争激烈的现代经济中独占鳌头而历久不衰?在比尔·盖茨看来,成功的首要因素就是冒险。

在比尔·盖茨的一生中,最持续的一贯的特性就是强烈的冒险天性。他甚至认为,如果一个机会不伴随着风险,这种机会通常就不值得花费时间和精力去尝试。他坚定不移地认为,有冒险才有机会,正是有风险才使得事业更加充满跌宕起伏的趣味。

其实,比尔·盖茨从学生时代就开始培养冒险精神。他在哈佛的第一个学年就故意制定了一个策略:多数的课程都逃课,然后在临近期末考试的时候再拼命补习。他想通过这种冒险,来检验自己如何花尽可能少的时间,而又能够得到最高的分数。他的这次冒险很成功,通过这次冒险他发现了一个领导者应当具备的素质,即如何使用最少的时间和成本得到最快最高的回报。

比尔·盖茨最喜欢速度快的汽车和游艇,他拥有两部保时捷汽车和两艘快速游艇,这两样东西是他不断锤炼自己冒险性格的工具。独自驾车到沙漠旅行,独自驾驶游艇遨游大海,这些都是比尔·盖茨经常做的。

无论干什么事情,没有胆量不行,敢冒险的人才有最大的机会赢得成功,才能将命运掌握在自己的手中。最具竞争力的领导者并不是那些循规蹈矩的人,而是那些敢于创新,具有冒险精神的人。正如履卦中所说:“履虎尾,不咥人,亨。”敢于冒险,而又不自鸣得意的领导者,是能够带领自己的团队顺利地干一番事业的。

讲故事,说管理

小信息隐藏大商机

山西有位食品厂的厂长,他平时很喜欢收集各方面的经济信息,并注意分析、琢磨它们之间的联系。一天,他在收看中央电视台的新闻节目时,看到关于英国和阿根廷的马尔维纳斯群岛战争的报道,似有所悟,禁不住大声地说:“马岛战争马肉生意!”

作为食品厂的厂长,他对食品方面的消息特别敏感。不久前,他从报上得知:日本的食品商最近到了天津。他们是来买什么的呢?现在看到马岛战争的新闻,这个疑团解开了:日本人向来喜欢吃马肉,而且他们的马肉主要是从阿根廷进口的,现在爆发了英国和阿根廷的马岛战争,必然会影响阿根廷的马肉出口。

因此,这位厂长认为,日本食品商来到天津是买马肉的。他觉得机遇来了:马岛战争,意味着可以做一笔相当可观的马肉生意。于是,他连夜带人赶到天津。

果然不出这位厂长所料,日本食品商确实是到中国来购买马肉的。但是,由于他们需求量大,供货的时间紧,天津有关部门一时难以办到,正为送上门的生意却没办法做而发愁。

这时这位厂长找上门来,可谓"雪中送炭"。厂长知道日本的马肉价格正在一天天上涨,马岛战争打得火热,何日能够恢复从阿根廷进口马肉还是一个未知数,因此在与日本食品商的谈判中,尽管马肉的要价比较高,日本食品商仍然很痛快地答应了。

这位厂长凭借自己的眼光和善于抓住机遇的能力,做了一笔好生意。

姤卦中说:"包有鱼,无咎,不利宾。"对待出现在自己身边的机会,一定要牢牢抓住。

(二)一阴一阳谓之道

在中国古代文化中,太极图、河图、洛书是三个最古老的图形,人们一直觉得非常神秘,说不清楚其中的缘由。在遥远的古代,我们的祖先创造这些图形的目的究竟是什么?是用来做什么的呢?

《易经》中讲:一阴一阳谓之道。太极图就是道的示意图,河图、洛书都蕴含着许多哲理。通过这些示意图,让人们了解世界运行的规律。太极图由阳鱼和阴鱼构成,一阴一阳代表着道的运行与存在。阳鱼和阴鱼组成了空间上的静态结构,它们首尾相连循环追逐形成了时间上的动态结构。太极图动静结合,也体现着道的一阴一阳特性。阴阳鱼在太极图中互相扭合,代表阴阳互生互动,互相依存。

在我们的企业管理中,每个部门都是互相依存,协同运作的,一个部分的变化必然带给其他部门带来影响,不同专业、背景、性格、特点的人员组成了完善的运作单位。阴阳鱼还有眼睛,没有就变成了瞎鱼。瞎鱼的意思,比如说我们搞业务,白的就是业务员,黑的就是财务员。业务员出去搞业务的时候乱花钱,然后拿着发票报给财务员,财务员把这些发票都给报了,然后老板问起来,财务就说我不知道啊。所以这样最后两者都不行了,所以说一定要懂规矩,就是搞业务的要懂点财务,明白什么可以报什么不可以报;做财务的也要懂点业务,因为搞业务很辛苦,他可以跟老板说说情,让老板对于报销的事留点情面。

图 5-2　太极图

洛书是阴的示意图,洛书的中心就是太极图中阳鱼的眼睛,洛书的中心是阳五,为少阳。洛书纵横共有八组数字,每组三个,每组相加都得十,十五是洛书之数。河图是阳的示意图,河图的中心就是太极图中阴鱼的眼镜,河图的中心是外面的阴十减里面的阳五,得阴五,为少阴。河图里有十个数,奇数排列为阳,偶数排列为阴,分为五组,每组相减都得五,五是河图之数。河图之数每组阴阳相配,两两而成。

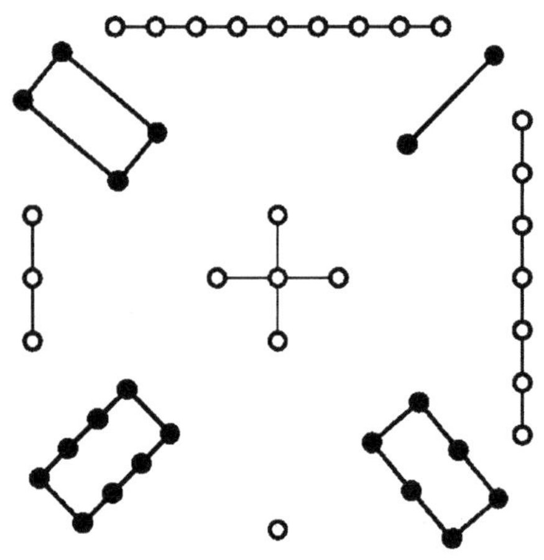

图 5-3 洛书

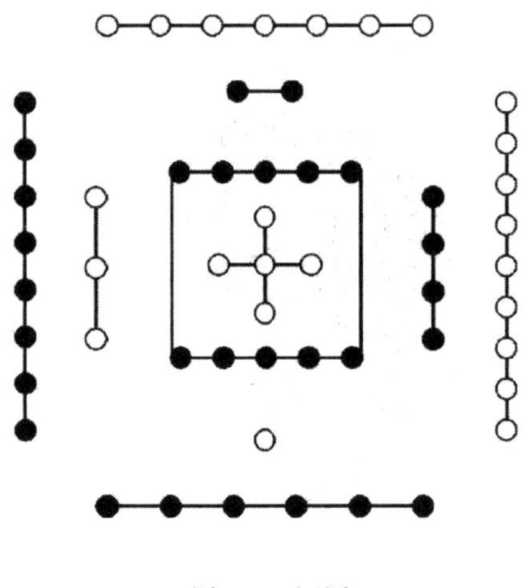

图 5-4 河图

根据这些图把握事物的运动规律,有助于我们了解纷繁复杂的现实世界。

(三)经营善用先天八卦图(伏羲八卦图)

客户是企业的上帝,是天,没有顾客就没有生存的基础。生产和产品是地,通过产品销售获得利润。不管什么企业、什么行业,生产产品,就会考虑资金够不够用,发不发得起工资,资金是火,成本是坎,这关过不去就是一道坎。要紧跟政策的导向和政府的主张,然后要看同行,调查竞争对手的情况,知己知彼才能占据先机。团队是非常重要的部分,还要防范风险,制定较强应变能力的预备方案。要从大方位进行决策,善于用人,这些都是老祖宗的传统,符合八卦图的立体思维。

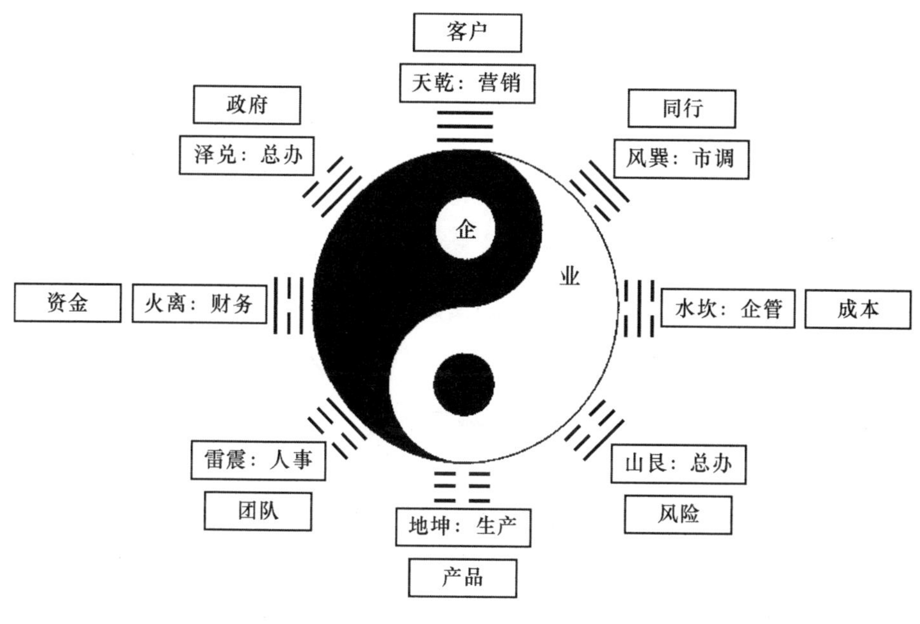

图 5-5　八卦应用示意

(四)九宫图中蕴奥妙

洛书也叫九宫图,一共有九个部分,分别代表数字 1—9,有几个点就是几。用好九宫图对企业管理很有帮助,世界上任何事物都是不一样的,力量分布都是不平衡的,如何高效地组合到一起,让能量发挥到最大并做到平衡,这是很重要的。我们企业中有各种各样的人,大家的能力、专业、特征各不同,面对同样的问题,就是把这些各不相同的人组合在一起发挥出最大的力量,并且能够持续稳定地发展下去。

我们从九宫图上看,三横、三竖、两条对角线上的这三个数字组合起来都是15,布阵的时候将人员和资源按照这个比例组合起来,可以发挥出稳定而又最大的效果。从中间的那条竖看,是9,5和1。说明9和1搭配能量是最大的,9就是企业中的老板,他一年能创造一千万的价值;1就是秘书,1年只能创造5万元的价值。通过1这个秘书把9这个老板解放出来,他们两个的结合就达到了最大的力量。一般秘书用两年,再重新培养。旧的秘书升到2的位置,2,5,8一线,2再和8配合,然后3和7配合,4和6配合。随着变化,动态调整归位。九宫图可以将孤立的资源整合到一起形成巨大的力量。

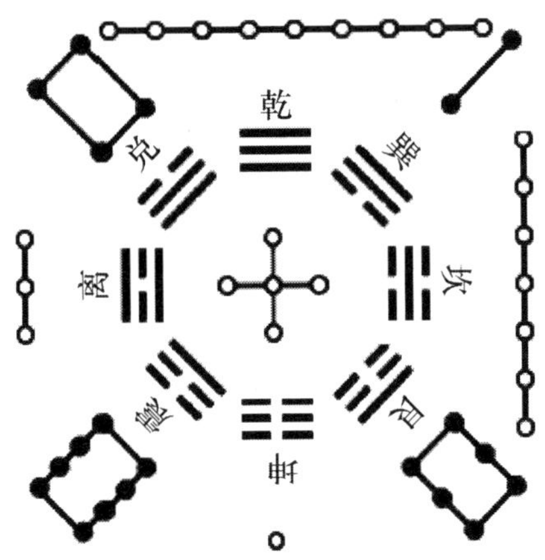

图5-6 九宫图

讲故事，说管理

以柔克刚

一天晚上，有位“的姐”把一男青年送到了指定地点，没想到对方竟掏出尖刀逼她把钱交出来，这位“的姐”心里顿时一紧，但旋即又镇静下来，她装作害怕的样子将300元钱交给了歹徒，说：“今天只挣这么多，要嫌少我把零钱也给你吧。”说完，她又拿出20元找零用的钱递给歹徒。

见歹徒有些发愣，她趁机又说：“你住哪儿？我送你回家吧。这么晚了，家里人该等着急了。”

不知不觉，歹徒把刀收了起来。当气氛缓和以后，她便不失时机地启发歹徒：“我家里原来也很困难，咱又没啥技术，后来就跟别人学开车，虽然干这一行挣钱不多，可日子过得也不错。何况是自食其力，穷点儿谁还能笑话我呢！”

见歹徒沉默不语，她继续说：“唉，男子汉四肢健全，干点儿啥都差不了，走上这条路一辈子就没有指望了。”

一直沉默不语的歹徒听到这里，突然哭了起来，把300多元钱往她手里一塞，说：“大姐，我以后饿死也不干这事了。”说完，叫“的姐”停车，低着头离开了。

那位“的姐”在与歹徒的对峙中，自始至终都没说一句强硬的话，而是用柔言软语，巧于应对，成功地激发了对方的自尊、自爱心理。一场可能发生的危机就这样消除了。当遇到一些流氓挑衅时，女孩子在体力上处于弱势，硬碰硬是不可取的，这时只有运用自己的口才，采取以柔克刚的战术来摆脱纠缠。

坤卦法则是祥和、纯正、柔顺地遵循天道,具备至柔至顺的秉性,其中包含了无为不争,“以柔克刚”的阴柔思想。但坤卦的柔弱并非软弱无力,而是无坚不克的。古人说:“人生之也柔弱,其死也坚强,草木之生也柔脆,其死也枯槁。而大柔非柔,至刚无刚。”既然直接的、以强对强的手法有时行不通,那迂回的、间接的、柔弱的方式也可以达到目标。

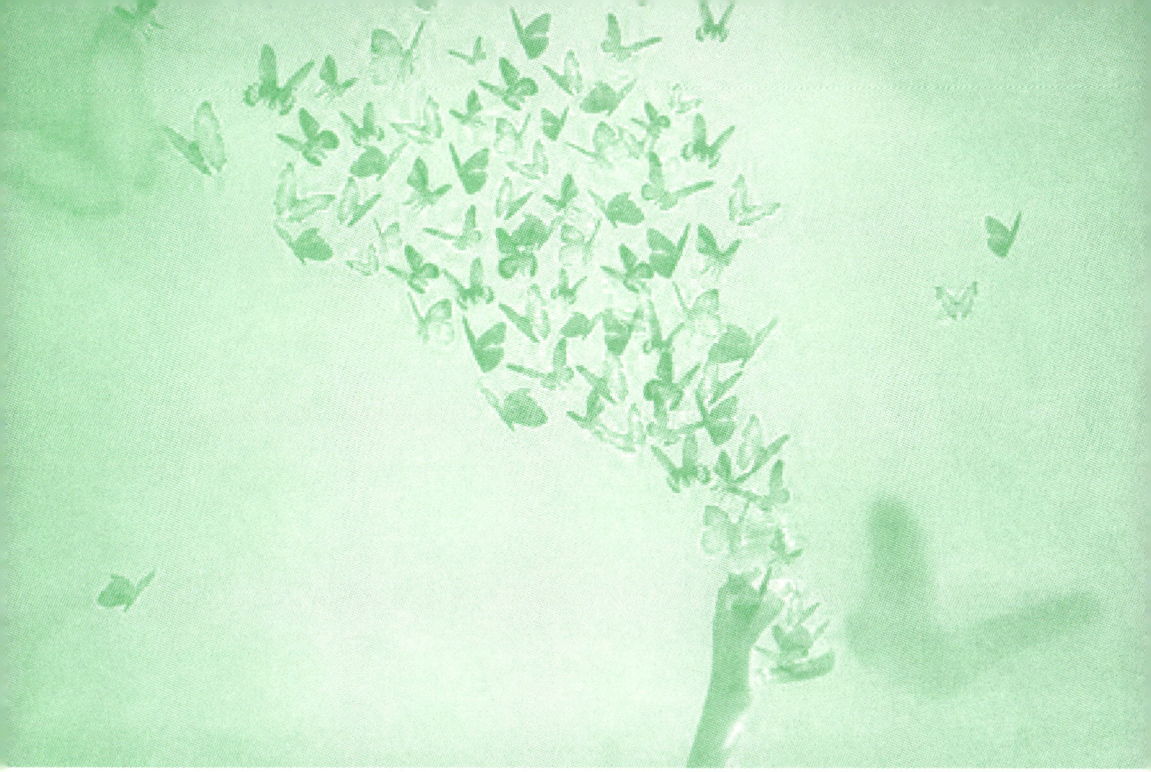

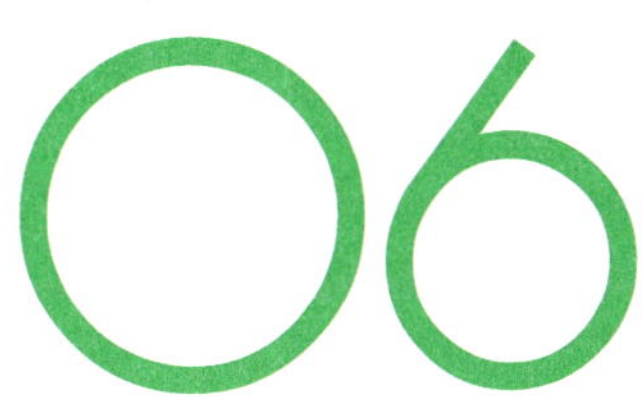

06 管理出彩：任务困难助我飞

欲想管理出彩，就是要在改造世界中挑战困难，在挑战困难的同时不断提高自己，只有这样才能不断地让自己出彩。

本章主旨

任务困难中蕴含着机遇。要想管理出彩，必须勇于挑战困难，主动承接困难的任务。本章做了三个假设，假如我是小型企业、中型企业、大型企业的总经理，该如何管理？

小型企业的总经理，要以管理为核心，做到要朋友、要员工、要顾客。

中型企业的总经理要做到人才归位，科学决策。

大型企业的总经理要把企业文化建设放在首位，更要运用现代企业管理制度进行管理。

一、抓住任务困难才能出彩

我们学好管理,练就本领的目的就是等待机会让自己出彩,而机会来自哪里呢?机会不是像中彩票一样靠运气,而是要主动地迎合社会的各种需要。不能成功的人总是设法躲避困难、推卸责任;而成功的人士,总是去研究困难、挑战困难,最后战胜困难,在战胜困难的同时,也造就了自己。那么什么是好的管理模式呢?事实上管理并没有固定的模式,如果一定要说个究竟,那么可以总结为三句话:因人制宜、因时制宜、因地制宜。

有的专家认为企业家应该具备九大能力,即敏锐的观察能力、果断的处理能力、较强的组织能力、优秀的表达能力、不断的创新能力、敏锐的判断能力、良好的业务能力、有效的控制能力、主动的沟通能力。还有的专家认为企业家应该是集哲学家、战略家、实干家、艺术家于一体的四大家。这些话实际意义不大,因为这些都是评论家为成功人士总结出来的,不是一开始就具备的,不同发展程度企业老板都是不一样的。

古代管理有三种模式,第一种是项羽式,适合于创业阶段,但是他最后没有成功;第二种是刘邦式,注重用人和决策;第三种是刘备式,善于心灵管理,可称它为"偷心之术",让员工心甘情愿地为公司做事。现在五花八门各式各样的行业都有,但不管什么企业,都要做到"三安":安股东、安员工、安顾客。如何当好总经理也很难笼统地说,大、中、小企业的情况相对都有所差别,所以不能一概而论。本章做了三个假设:一是假如我是小型企业的总经理,二是假如我是中型企业的总经理,三是假如我是大型企业的总经理。

二、假如我是小型企业的总经理

(一)从“三安”做起

对于小企业来说,要做到“三安”,就是说经理要对得起股东、对得起员工、对得起顾客。一些企业为了利益榨员工、坑顾客、骗股东,结果是员工流动快、顾客流失多、股东意见大,生意越做越小,难以发展。我们看到,凡是好的企业,长久的企业,最重要的不是它的科技含量,而是企业的“德行”。这些百年老店长盛不衰的秘密就在于厚重的德行,这“德”能够使员工安心做事,专心发展;能够使客户获得实惠,长久往来;能够使股东回报丰厚,乐于投资。

讲故事,说管理

马狮的三安

马狮百货集团(Marks & Spencer)是英国目前规模最大且盈利能力最强的跨国零售集团,以单位面积上的销售额计算,伦敦的马狮公司商店每年都能比世界上任何零售商赚取更多的利润。“圣米高”牌货品在30多个国家出售,出口货品数量在英国零售商中居首位。《今日管理》(*Management Today*)的总编罗伯特·海勒(Robert Hellen)曾说过:“从没有企业能像马狮百货那样,令顾客、供应商及竞争对手都心悦诚服。

在英国和美国都难找到一种商品牌子像'圣米高'那样家喻户晓,备受推崇。"这其实是对马狮德行的赞赏和生动的写照。

马狮的顾客以劳动阶层为主,早在20世纪30年代,马狮就把其宗旨定为"为目标顾客提供他们有能力购买的高品质商品",因为它认为顾客真正需要的并不是"零售服务",而是一些他们有能力购买且品质优越的货品。马狮认为顾客真正需要的是质量高而价格不贵的日用生活品,而当时这样的货品在市场上并不存在。于是马狮建立起自己的设计队伍,与供应商密切配合,一起设计或重新设计各种产品。马狮实行依规格采购方法,即先把要求的标准详细定下来,然后让制造商一一依循制造,以此来保证提供给顾客的是高品质货品,由于马狮能够严格坚持这种依规格采购之法,使得其货品具备优良的品质并能一直保持下去。

马狮要给顾客提供的不仅是高品质的货品,而且是人人财力所能及的货品,它的最终目标是要让顾客因购买了"物有所值""物超所值"的货品而感到满意。因而马狮实行的是以顾客能接受的价格来确定生产成本的方法,为此,马狮把大量的资金投入货品的技术设计和研发而不是广告宣传,通过实现某种形式的规模经济来降低生产成本,同时不断推行改革,提高效率以降低整个企业的运营成本。

除此之外,马狮还采用"不问因由"的退款政策,只要顾客对货品感到不满意,不管什么原因都可以退换或退款。这样做的目的是要让顾客觉得从马狮购买的货品都是可以信赖的,而且对其物有所值不抱有丝毫的怀疑。

在与供应商的关系上,马狮尽最大可能为其提供各种帮助。如果马狮从某个供应商处采购的货品比批发商处更便宜,其节约的资金部分,马狮将转让给供应商,来作为改善货品品质的投入。这样一来,在货品价格不变的情况下,零售商提高产品标准的要求与供应商实际提高产品品质就取得了一致,最终顾客就能够获得"物超所值"的货品。与此同时,货品品质提高增加销售,马狮与其供应商共同获益,进一步密切了合作关系。从马狮与其供应商的合作时间上便可知这是一种何等重要和稳定的关系。最早与马狮建立合作关系的供应商供货时间超过100年,供应马狮货品超过50年的供应商也有60家以上,超过30年的则不少于100家。

在与内部员工的关系上,马狮一直以来都把员工作为最重要的资产,同时也深信,这些资产就是成功压倒竞争对手的最重要因素,因此,马狮把建立与员工的相互信赖关系、激发员工的工作热情和潜力作为管理的首要任务。

在人事管理上,马狮不仅为不同阶层的员工提供周详和组织严谨的训练,而且为每个员工提供平等优厚的福利待遇,并且实实在在做到真心关怀每一位员工,让每一位员工都有家的感觉。

马狮的一位高级负责人曾说:"我们关心我们的员工,不只是提供福利而已。"这句话概括了马狮为员工提供的信念精髓:关心员工是目标,福利和其他措施都只是其中一些手段,最终目的是与员工建立良好的人际关系,而不是以物质打动他们。这种关心通过各级经理、人事经理和高级管理人员真心实意的关怀而得到体现。例如,一位员工的父亲突然在美国去世,第二天公司已代他安排好赴美的机票,并送给他足够的费用;一位未婚的营业员生下了一个孩子,她同时要照顾母亲,为此,她两年未能上班,公司却一直发薪给她。

马狮不因管理层的更替有所变化,把这种细致关心员工演变成公司的哲学思想,由全体管理层人员坚持奉行。这种对员工真切的关心必然带来员工对工作的高度热情,使得马狮得以实现全面而彻底的品质保证制度,而这正是马狮与顾客建立长期稳固信任关系的基石。

安员工、安顾客、安股东这三安是重点、是基石,小企业做好这三安才能不断发展壮大,获得成长的机会。前段时间在一家生产气阀的企业做人才调研,调研时老板的抱怨很多,抱怨企业要为员工缴纳各种费用;抱怨员工没有良心,他为员工提供住宿,还解决孩子的上学,怎么还是说跳槽就跳槽了呢?这位老板认为自己满心付出,为员工着想,却得到这样的回报,相当不满。我想,他的员工和他的想法是一样的,员工也觉得自己在努力做事,却没有得到应有的回报,对他们的老板也是不满的。大家可以想象一下,这个老板如果像马狮那样对待员工,员工的流失率会那么高吗?

1. 安员工——凝聚发展力量

新的员工进入企业,你要帮他规划发展,帮他解决工作生活上的难题,引导他、教育他、培养他、信任他、尊重他,只有这样,员工才能够安心工作,发挥出所有的能力。员工的成长与进步是企业的福祉,哪怕有一天员工成长自立门户了,他也会感谢企业的培养之恩。最怕的就是员工在你的企业一辈子没发展,工资没多大涨幅,职位没什么提升,能力上没有什么长进,唯一变化就是年纪越来越大,那时候员工就该抱怨了:“我后悔来到这样的企业,倒霉遇到这样的上级,耽误了青春年华。”我们作为经理应该担负起自己的职责,让自己的员工专注于事业,安心发展。家庭是员工最为重视的,不管他在哪里,都牵挂着自己的家,只要员工家里有事,他在企业就不会安心,难以专心工作。所以,安员工也要延伸到员工的家庭与生活。如果员工家里有困难,做领导的一定要关心,这才能安住员工的心。

有的学校开设旅游专业,专业课老师大部分时间忙着讲课、做论文,很多旅游景点没去感受过、很多酒店没有体验过,缺乏和客户的共同体验,就很难弄清楚客户的真实需求,和客户也很难有共同语言。没有满意的员工就没有满意的顾客,顾客的体验是通过员工来传达的,员工抱怨大、流动性高、服务能力低,就很难去吸引和维护客户。不发展员工,企业和客户就得不到发展。

讲故事,说管理

谷歌员工去世,配偶可领薪

据《福布斯》报道,谷歌推出的新福利包括:如果员工不幸去世,其配偶还能在未来10年享受到去世员工的半数薪酬;他们的未成年子女还能每月收到1000美元的生活费直至19岁成年。除了半数薪酬,配偶还能获得去世员工的股权授予。谷歌发言人证实了这一福利。

这项福利没有工作期限限制,全球3.4万名员工均可享受。

谷歌一位资深员工曾和上司开玩笑,即使不付工资,也愿意每天来上班。

在《财富》杂志2012年美国100家最佳雇主排行榜上,谷歌排名第一,英特尔排在第46位,微软排名第76位,思科排名第90位,苹果没有上榜。《纽约时报》报道称,为了争夺一流人才,各大公司都开出了丰厚条件,比如免费用餐、班车接送、股票期权、发放iPad等,甚至允许员工带宠物狗去上班。

讲故事,说管理

爱马仕:把心放在感动员工上

爱马仕包下巴黎铁塔餐厅,让受训员工体验。如何让员工对VIP客户用心?先从对员工用心开始。如果你无法感动员工,对客户也不会起作用。先让员工快乐,他们也会愿意带给客户相同的感受,这是爱马仕领导这个大家庭的哲学!

对员工用心,换来的是低流动率与高黏着度。除非开新店,爱马仕很少有职缺,店员都是资深员工,和客人交情动辄十余年,再加上见多识广,能与顶级客户交心。

爱马仕中国台湾分公司董事总经理程家凤打趣说:“客人聊起古堡,爱马仕店员搞不好也住过!员工认同公司,才能代表公司与客户沟通,才有热情将感动传达给客人。”投资员工反映在营收上,去年爱马仕员工平均产值达新台币1063万元,比鸿海集团高出4倍多。

2. 安顾客——夯实生存之本

从“以产品为中心”到“以客户为中心”

有人去买衣服,他在一家店里看了几件觉得不错,试了几遍,老板有点不耐烦,他原本都想买的,最后气愤地丢下衣服就走了。现代社会的顾客,要求越来越严苛,企业光是提供好质量的产品还不够,顾客还要看你提供的产品他喜不喜欢,光是喜欢可能也不行,顾客还要看对你的服务满意不满意。安客户是生存之本,如果企业还不能从以“产品”为中心转变到到以“客户”为中心,将很难适应未来的环境。

现在的互联网技术飞速发展,人们的传播效率成倍提升。我们在一个地方旅游完,拍几张照片传到网上分享心情,供大家评阅;我们吃一顿精美的晚饭可能也会发到网上;体验企业产品的感受如何,企业服务态度如何都可能发到微博;看到什么新奇的事情都有可能在网络传播,每个人都相当于一个小型媒体,网上的阅览者能达到成千上万。同时每个人也是网络的受众,他会积极参与感兴趣文章的评论、回复与转发,网络口碑的影响力大大增强。

企业没服务好一个客户,可能不只是失去一个客户,而是失去一大批客户。在网上购物的人都清楚,如果卖家的产品记录里有一条差评,其他客户也会犹豫。同样,企业的好口碑也会使企业的美誉度广泛传播,互联网时代,不是你投入大,在电视、报纸媒体大做广告就行的。互联网把大小企业都放在了同一条起跑线上,谁的口碑好,谁能赢得客户,谁就获得胜利。

讲故事,说管理

漏桶原理

营销大师丹尼尔·查密考尔(Daniel Charmichael)讲了一个客户流失的漏桶原理:一只水桶,桶上有许多洞,这些洞分别代表粗鲁、没有存货、劣质服务、未经训练的员工、质量低劣、选择少等。而洞中流出的水,则代表企业的客户。为了保住原有营业额,企业必须从桶顶不断注入"新客户"来补充流失的客户,这是一个昂贵的没有尽头的过程,企业销售额虽然可能大幅度增加,但利润却少得可怜。

关心老顾客

不关心老顾客的企业都存在丹尼尔漏桶问题，不停地增加营销投入，不停地增加新客户，开拓新市场，不停地流失老客户，失去旧市场。很多经理人喜欢说，我们今年的销售额又增加了一个亿，那么这一个亿里多少是老客户带来的呢？有没有分析过？来看两组数据：

老客户宣传的效果是广告所带来效果的10倍；

吸引一个新客户所需要花费的成本是保持一个老客户所需成本的5～10倍。

说明什么？维护老顾客的成本更低，效果更好，维护住了老顾客，永远都不愁没有生意！

讲故事，说管理

永远客满的东方饭店

张经理到泰国出差,曾经住过东方饭店,觉得不错就又一次入住了。

第二天早上,张经理走出房门准备去餐厅,楼层服务生恭敬地问道:“张经理,您是要用早餐吗?”张经理觉得很诧异,问道:“你怎么知道我姓张?”服务生回答:“我们饭店的员工每天晚上会背熟所有客人的姓名。”这令张经理大吃一惊,尽管他入住过无数高档酒店,但这种情况还是第一次碰到。

张经理乘电梯下至餐厅所在楼层,刚出电梯,餐厅服务生笑着迎上来:“张经理,里面请。”这又让张经理感到十分疑惑,于是问道:“你怎么知道我姓张?”服务生微笑答道:“我刚接到楼层服务电话,说您已经下楼了。”

张经理走进餐厅,餐厅服务员殷勤地问:“张经理还要老位子吗?”张经理又惊诧了,心中暗想:“上一次在这里吃饭已经是一年前的事了,难道这里的服务员还记得我?”服务员解释道:“我刚刚查过记录,您去年8月9日在靠近第一个窗口的位子上用过晚餐。”张经理听后很激动,忙说:“老位子!对,老位子!”于是服务员接着问:“老菜单?一个三明治,一杯牛奶,一个鸡蛋?”此时,张经理已经极为感动了:“老菜单,就要老菜单!”

给张经理上菜时,服务生每次回话都退后两步,以免自己说话时唾沫不小心飞溅到客人的食物上,这在世界上其他很好的饭店里都没有这样的。

一顿早餐,就这样给张经理留下了终生难忘的印象。

此后四年多,张经理因业务调整没再去泰国,可是张经理在生日那天突然收到了一封东方饭店发来的生日贺卡:亲爱的张经理,您已经四年没有来过我们这里了,我们都非常想念您,希望能再次见到您。今天是您的生日,祝您生日快乐。

张先生当时非常感动……

虽然泰国的经济在亚洲算不上最发达,泰国的东方饭店却堪称亚洲饭店之最,几乎天天客满不说,入住更是需要提前预订争取。

是什么令东方饭店如此充满魅力?东方饭店非常重视老顾客,并建立了一套完善的客户关系管理体系,使顾客入住后可以得到无微不至的人性化服务,迄今为止,世界各国有20多万人曾经住过那里,用东方饭店的话说,只要每年有十分之一的老顾客就永远客满。这就是东方饭店成功的秘诀。

安顾客的本领

我们常听到的一句话是,顾客是上帝!到底对不对呢?这种观念不正确,如果顾客是上帝的话,那企业就应该处于从属的地位,对客户有求必应,实际上这是做不到的。我们要安好客户,首先要定位好,弄明白客户和我们的关系是什么样子的,我们要站在什么角度思考问题。企业和客户应该是平等的,我们在最外层的态度上应该把顾客当作朋友、兄弟或者亲人。那样的话,你想想,你还会怠慢或者欺骗吗?所以说,顾客来了就像自己的好朋友来了一样去接待、回复。你的朋友所在地如果发生水灾你会及时问候,那么对你的客户呢?当他们有困难的时候也要关心、问候,尽可能地伸出援手,与客户的关系就是这样建立起来的。

除此之外,我们必须有过硬的专业、特长和能力。我们具备专业的知识,能够准确回复、解决客户提出的问题。最内层的是我们个人的责任感与品质,做事如做人,这两个是分不开的,从你做出的产品能看到你的人品。你设计的建筑,到处彰显着对生命的关怀、对自然环境的保护、对居住者的关爱,这样的建筑、这样的设计师就是顶级的、高水平的。豆腐渣工程拿出来人人骂,安顾客从何谈起?我们为客户所做的是企业、是个人内心品质的外化,要不断提升自己的修养与品质,这是安客户的出发点,如图 6-1。

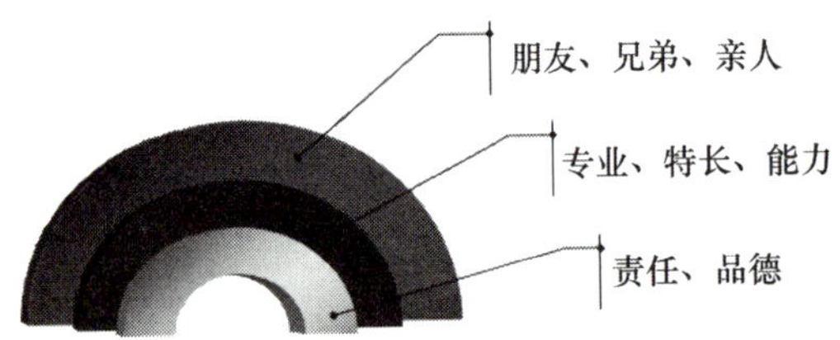

图 6-1　安顾客的本领

讲故事,说管理

亚马逊网站的故事

作为一家网络公司,你永远不要拒绝为你的客户提供情感利益。亚马逊网站现在覆盖了 220 个国家,服务于 3800 万个消费者,并销售图书、CD、录像、DVD、玩具、游戏等。在那么多的网络公司中,亚马逊网站有什么特别之处呢?

亚马逊网站的秘诀在于:公司总是鼓励将他们的功能利益和生意转化成愉悦的体验。它的目的就是给人们一个完美的价值和线上购物体验的组合。购物者在亚马逊网站上不仅仅可以买到书或者其他任何想得到的东西,还可以拥有良好的购物感觉和使用亚马逊网站的安全感。亚马逊网站介绍的一个跟踪销售的“快乐仪表盘”小软件,第一周就有 250 万件商品被订购。看来它的确给予了客户非常棒的网上购物体验。

3. 安股东——建立强大后盾

股东投资，企业才能集聚发展资金。安股东，才能获得源源不断的支援。股东不安，就会卖掉股票，或者要求退股，把所投入的资金抽出。股东是企业发展资金的主要提供者。股东对企业失去信心，就不会继续投资，企业就难以持续生存发展。所以，企业安股东才能建立强大的发展后盾。

分丰厚股息

股东投资的目的就是为了获得日后较好的收益，而且希望企业能够按时发放股息。按时发放股息，股东才会觉得企业运作正常，没有问题。发放股息要保持平稳，一期多、一期少，波动很大，就会给股东造成不安，要合理地调节股息分配，保持稳定发展。

保投资安全

企业经营要以稳健为主，深入调研，谨慎决策。利润与风险是成正比的，需要把握合适的度。既不能过分保守，又不能冒很大的风险。股东希望企业能够依法经营，定期公布真实经营数据，保障股东的投资安全。

尽社会责任

赚钱永远不是目的，赚来的钱要能改善生产、造福员工、造福股东、造福社会，这才是企业真正的目的。企业也不能"为富不仁"，获得利润要学会分享、懂得回馈，这样才能够得到内外部公众的支持、信任与好感。一个值得信赖、有责任感的企业何愁没有股东愿意投资呢？

（二）管理是核心

科学管理的核心问题就是如何把握好管理者与被管理者的利益关系，只要把管理者与被管理者的利益关系高度统一，你就把握了科学管理的灵魂。管理就是一种方法，一个好的方法有两个层面：一是心法，心法是宏观的、战略的和感性的;二是技法,技法是微观的、战术的和理性的。

1. 宏观层面——制度文化与工作设计

我们到企业工作最关心的是什么?薪酬待遇、职业发展、生活环境、配偶工作、子女教育,这些都是员工来企业工作首先考虑的,企业必须和当地政府相关部门协调,在总体的制度层面有所保障,这些不是单个内部部门所能独立完成的。光有这些就够了吗?大家一定还会关注,我在这里工作是不是愉快?企业文化是不是自己认同的?能不能实现自己的价值?如果是一个论资排辈、钩心斗角、有利无义的文化环境,恐怕还是难以安下员工的心。

讲故事,说管理

安全工程师

一家单位保安岗位流动很大,不停地招聘,不停地流失。人力资源部门经理发现,很多保安干一段时间就觉得没意思,每天的工作单调无味,在岗亭一坐半天,看小说、看手机、对着窗外发呆,度日如年。待一段时间实在待不下去了,只好离职。人力资源部门经理想了很久,决定招聘安全工程师,把保安的工作丰富化,除了监察工厂安全外,还要研究如何提高工厂安全水平,提前杜绝安全隐患,并有配套资金奖励。这次招聘回来的安全工程师效果很好,流失率大大降低,而且工作干得很卖力,除了监管好现状外,还不停学习研究工厂的安全问题。从招聘保安到招聘安全工程师,为什么会有这么大的差别?

工作设计是非常重要的,不只是保安,员工在任何一个部门待久了都有可能会腻烦,日复一日的工作,一眼望得到的未来,会让人感觉没什么激情。向上升迁的通道少之又少,所以很多人就开始混日子。合理的工作设计能有效解决这个问题,一是把工作丰富、扩大,把以前的工作范围、工作任务、执行权力加大,将更多的任务乃至整个流程都拿出来,使员工的工作内容增加,要求员工掌握更多的知识和技能,从而提高员工的工作兴趣。这也增加了员工责任心,有利于控制产品质量,保持生产的计划性、连续性及节奏性。同时赋予员工一定的工作自主权和自由度,给员工充分表现自己的机会,员工感到他的努力有很大作用,认为工作的成败与其个人职责息息相关时,工作对员工就有了重要的意义。另外,通过工作轮换,把员工从一个岗位换到另一个岗位,有利于减轻员工对工作的厌烦感,扩大员工的视野,更好地为企业培养后备人才。

2. 微观层面——绩效、授权与情感

实施绩效管理

员工做得好做得坏没准确评价,做多做少一个样,最后的结果就是优秀的员工流失,剩下的都是最差的、找不到好去向、能力较低的员工。没有绩效管理,就没有优胜劣汰,就不能激励团队的进步,就不能安定优秀员工。

做好绩效管理需要考虑 5 个方面的问题,如表 6-1。

表 6-1 绩效管理的 5 个方面

绩效管理	内容
行为标准	①员工知不知道什么是期望行为? ②员工清不清楚标准是什么? ③标准是不是为员工所接受?
绩效后果	绩效奖励是不是足以鼓励员工采取期望的行动?
技巧传递	员工知不知道怎样做才能更好地达到标准?
阻碍分析	①身体上、精神上及感情上接受和完成这些标准有哪些困难? ②标准哪些地方不清楚?什么情况下员工无法准确判断? ③有没有足够的资源来执行标准?
反馈系统	员工执行情况、绩效分析能否准确及时地反馈回来?

讲故事,说管理

"工人"般的领导

2012年6月,华峰新材料股份有限公司的车间里,多了一名全副武装的新工人,上螺丝、紧法兰、搬器材、拉推车、抬裸板、舀浆料、分板材、包薄膜,各个工序都留下了他忙碌的身影、辛劳的汗水,他就是普恩公司生产副总尤金明。

受国家政策的影响,外墙外保温材料的准入门槛进一步提高,市场对既能达到保温效果又能满足防火要求的复合A级保温材料的需求急剧扩大,而普恩公司此前极具优势的B1级裸板的需求突然萎缩。经研发人员攻关,B1级裸板直接涂覆水泥而成的复合A级聚氨酯保温板面世,并获得相关机构检测通过,样品得到市场认可,接下来就是如何量产的问题。

作为一名老党员,又是负责生产的老总,尤金明带领生产部、设备动力部的各管理人员、骨干连续奋战在车间一线,想方设法对现有设备进行改造,以提高水泥涂覆的自动化程度。不到半个月的时间,现有的一条设备流水线改造完毕,产能从全人工30人一昼夜涂覆不到3000片提高到自动化24人一昼夜涂覆6500片以上,极大地提高了生产效率。尤总在抓紧改造设备的同时,将自己的设想与设备制造商沟通,使得符合生产要求的3条新生产线短短1个月内全部投入生产,及时有效地满足了市场需要。

"你来做,你负责"授权

要学会培养下属,一方面他们获得赏识与培养会十分高兴,努力去做;另一方面可以把自己解放出来,向上发展。授权不是交给别人做就完了,权虽然授出去了,但责任还在你身上。授权和培养按照以下几个步骤最好:

➢说给他听;

➢做给他看;

➢让他做做看;

➢做得好,夸奖他;

➢做得不好,再改善;

➢反复做,成习惯。

建立情感账户

你投入在员工身上的情感越多,回报也越多。情感的投入比实际的投入产出更明显。员工需要尊重、需要关心、需要赏识,多给员工一些关爱和期待,多给员工一些指导和点拨。员工家里有事的时候一定要去看看,员工有困难的时候尽量去帮一帮。

三、假如我是中型企业的总经理

中型企业是在小型企业的基础上成长起来的,除了要落实一般企业的"三安"与"管理"外,更要注重人才归位与科学决策。

(一)人才归位、合理用人

1. 人才错位是最大浪费

人是企业最富有能动性的宝贵资源,同时又是最难驾驭的生产要素之一。在企业用人方面,最常听到的就是人才错位这几个字,其实,“人才错位”这个题目很早很早之前就存在了,记得那一年钱江电视台刚刚开播,因为我是宁波开发区建设的“十大先进人物”和宁波市先进工作者,在接受记者采访时谈到什么叫浪费,我认为第一大浪费是决策的失误,第二大浪费就是人才的错位,第三大浪费是铺张浪费。所有浪费最终还是人的问题,做企业要选对人做对事,才能减少浪费。

从古至今都不乏人才错位的例子,南唐后主李煜,是一位风流天子,诗文、音乐、书画无所不通,无所不精,最擅长写词。他的“一江春水向东流”的千古绝唱流传至今。可惜这位天才的词人,把坐江山当词来填,导致没多久就亡国了。他是成功的词人,却是失败的帝王。在企业中,这样的人才错位,其实就是资源的极大浪费。

2. 什么是人才

前几年广东某企业请我去讲课,在和一个人力资源部经理的交流中,我们就讨论到企业该如何用人的问题。他说用人要德才兼备,有德有才的人就重点使用,有德无才的培养使用,无德有才的限制使用,无德无才的就不能使用。我就问:“你的这套在用的时候怎么样,能不能贯彻下去?”他说这些理论性的东西在实践中其实不好贯彻。我告诉他为什么在实际操作中用不上呢,是因为根本的东西没有解决。首先要分析清楚什么是人才,弄明白什么是才,什么是德,这样才可以让理论在实践中得到真正的发挥。

那么什么是人才呢?

——求职者的理解:学历+经历

现在一些海归、博士、大学生找不到工作,老板找不到人才,这种明显的问题就是对人才理解的偏差。首先是博士、大学生等求职者,他们认为人才就是“学历＋经历”,通过考取各类证书、参加实践活动,把学历、证书、经历编成厚厚的简历。

——专家的解释:人财、人才、人材、人在、人灾

有专家把人分为五种:人财、人才、人材、人在、人灾。“人财”,指能为企业带来财富的人,这里的财就是我们说的价值,即人才的“才”加了个宝贝的“贝”;“人才”,指在某些方面有特殊才能的人,只要分配任务给他,都能够很好地完成;“人材”,指有发展和培养潜力的人,经过培训锻炼能够成为公司发展的动力;“人在”,指对企业可有可无、人在心不在的人,他们虽然很听话,但是没有主动性;“人灾”,指给企业带来麻烦和灾难的人,这种人不仅不能给企业带来财富,还会消耗企业财富,导致人心涣散。

——老板的理解:人品好、交给他的事情能做好

老板是怎么看待人才的呢?民间企业家的人才观很简单:“人要好,我让他干的事能完成,要靠得住,身体健康。”其实求职都是有技巧的,有一个家境比较贫寒的人过关斩将,结果最后老板问了他一个问题,你给妈妈洗过脚吗?他说没有,老板便让他走了。这个博士生回到家就拉着妈妈说我一定要给你洗次脚,妈妈觉得奇怪但还是让他洗了。看着妈妈布满老茧开裂的脚,儿子就哭了。第二天他去感谢董事长,觉得自己太不孝顺了,董事长说你现在已经被录取了,认为他知错就改也非常优秀。如果说父母把你含辛茹苦地养育成人,你都不孝顺他们,哪个老总敢把公司交给你?你对公司会有责任心吗?其实就是这个道理。

——圣人的理解:强将手下无弱兵,只有无用的将,没有无用的兵

讲故事,说管理

孙膑用人的故事

孙膑是春秋时期齐国著名军事家孙武的后代,很早就立下了献身戎马事业的决心,后来齐威王任用他做了齐国的军师,他的抱负和才能得以充分发挥。孙膑在用人方面也很有自己的见地,不管什么人,在战场上他都能让其最大限度地发挥优势,比如说瞎子可以做哨兵,瞎子的听觉敏锐,在晚上站岗以防敌军突袭;哑巴可以做机要秘书,不管什么秘密都不会流到敌人耳朵里;瘸子可以镇守炮台,因为敌人来犯时根本跑不掉,只能瞄准敌方求生。

3. 人才归位最重要

所以说,人如果放对了地方就是宝,就是人才,用人是管理者领导力的突出体现。在这样一个面试招聘会,主考官说:“你走大门出去左转20米给我买一包中华烟。”三位面试者表现不一样,第一个人跑到左边看到没有卖烟的就回来说没有店;第二个人看到左边没有卖烟的,发现右边有卖烟的,他返回来问主考官右边的可不可以买;第三个人跑到右边就把烟买回来了。哪个面试者最好?其实没有好不好的问题,只是看适合不适合。第一个适合搞会计(循规蹈矩),第二个适合坐办公室(听领导的话),第三个适合做业务员(就想把任务做好),因此归根结底,如何用人才是最重要的。把那人的特长放在合理的岗位,就是人才归位,表6-2是不同性格人才的归位。

表 6-2　不同性格人才的归位

人才性格	归位部门
循规蹈矩,创造力差的人	生产部门
高智商的散漫分子	设计、研发部门
坐不住、心眼多的人	销售部门
吹毛求疵的完美主义者	质量管理、现场管理
谨小慎微的胆小者	消防、安全管理、设备检修
斤斤计较的"小气"者	财务管理、仓库管理
性格急躁、争强好胜者	生产调度、物流运输
道听途说、喜传小道消息者	信息采编、调研

放错了地方的人才就变成了废物,我们很多企业家会很困惑,自己找来的人才没有用,再仔细想想,发现不少原因是人才归位出现了问题。本科生能完成的你要招聘博士生,内向文静的弄去搞销售,说白了要看看他是什么料,用错了地方人才就会变成废材。

4. 德才兼备——几千年来的人才观

什么是德

企业所关心的德有三:第一是社会公德,就是社会生活中最简单、最起码、最普通的行为准则,是维持社会公共生活正常、有序、健康进行的最基本条件,也是作为公民应有的品德操守。主要内容有文明礼貌、助人为乐、爱护公物、保护环境、遵纪守法。第二是个人品格,孔孟之道的人品就是忠孝仁义信礼智勇,用现在的话说就是要善良,严于律己、宽以待人;第三是老板最关心的,就是岗位职业道德,员工要做到爱岗敬业,拼搏奉献,并且乐在其中。

那德从何来呢?大家应该都听说过地藏王菩萨,他在中国受到人们普遍的尊敬,明朝的紫柏、莲池、憨山、蕅益四位大师和近代的圆瑛大师也都特别推崇他,这是因为地藏王菩萨有一颗感人的孝心。大乘佛经里有记载,当时地藏王菩萨为婆罗门女,其母悦帝利不信三宝,修习邪道,死后堕入地狱受苦。此婆罗门女卖掉家宅财产,广求香华,于先佛塔寺,大兴供养。以至诚恭敬,摒弃杂念,一心称念佛号。其母承孝顺女所作功德,得以离地狱而升天。说明地藏王菩萨广行孝道,重视超度、救济父母。在古代,有二十四孝的说法,如汉文帝亲尝汤药、曾参啮指痛心、周仲由百里负米等。在现代,老一辈革命家们也都在用自己的方式表达对母亲的爱,就像朱德著文《回忆我的母亲》,以无限的深情赞颂了母亲;毛泽东接到母亲病危的家信,昼夜兼程,在母亲的棺木前放声恸哭,悲痛写下《祭母文》:"吾母高风,首推博爱";陈毅探望病危的老母,执意要给瘫痪在床的母亲洗衣服;宋庆龄也是孝心至诚的典范,她曾在母亲灵前"饮泣不已"。孝是厚德载物,走向成功、树立正确价值观的第一把钥匙,没有这把钥匙,就不能谈德。

诸葛亮的人才观:有德有才,以德为先

诸葛亮用人谨慎,九条标准,以德为先,人才寥寥无几;曹操也讲德才兼备,以才为先,关羽当时只有两千人马,曹操随便都能把关羽消灭掉,但是他没有,他认定关羽是个人才,于是关羽要什么他就给什么,结果关羽还是过五关斩六将去追随刘备,为什么?大家可以讨论。诸葛亮对自己严格要求,鞠躬尽瘁死而后已,全力辅佐阿斗,但是等到诸葛亮死后,国家却灭亡了,他的理论最终还是未能挽救国家,这说明用德才兼备的标准来用人也存在一定问题。

曹操的人才观:有才有德,以才为先

曹操以才为先,曹操死后,曹家天下异手,以前的部下毫无忠诚度可言,以才为先也存在问题。所以说德才兼备是一个缺乏操作性的观点,难以在实践中使用。为什么关羽要过五关斩六将追随刘备?如何让人才归位,做到人尽其才,通过人再实现物尽其用,这就是我们管人的核心思想。我们在商言商,为什么曹操对关羽百依百顺,但他却还是对抗曹操,用现在的企业制度来讲,曹操聘请关羽,是聘用制;刘备是股份制,大家是合伙关系以兄弟相称。

讲故事,说管理

诸葛亮用人七观

一是"问之以是非而观其志";

二是"穷之以辞辩而观其变";

三是"咨之以计谋而观其识";

四是"告之以难而观其勇";

五是"醉之以酒而观其性";

六是"临之以利而观其廉";

七是"期之以事而观其信"。

曾国藩相术口诀

邪正看眼鼻,真假看嘴唇;

功名看气概,富贵看精神;

主意看指爪,风波看脚筋;

若要看条理,全在语言中。

(二)一分为三、科学决策

1. 学习一分为三的思维

我们常用一分为二,看到了事物的两个面,比如分为黑白、好坏、文武。那有没有第三面呢?第三面正是我们常常忽略的,比如灰色、不好不坏、能文能武。任何事物都可以看到这个重要的第三面,如不胖不瘦、不高不矮、不善不恶。有的人会说,那我还可以一分为四、一分为五、一分为N呢。春夏秋冬不就是季节一分为四吗?其实春秋就是不冷不热的第三面,分多少除了两端,中间的都是第三面,一分为N实际上也是一分为三。我们大多时候是处于第三面的状态,我们也要学会表达第三面的方式,学会一分为三地去思考和决策。

遇到朋友,常常会问你最近忙不忙。一分为二就会回答我很忙,或者不忙,这两种回答都不是很好。回答不忙,害怕对方认为自己无所事事,游手好闲,或者对方万一要我抽时间帮什么忙就麻烦了;回答很忙,又觉得太炫耀,就那么个普通工作还忙成那样。最好的回答是第三面,"一般""还好""老样子"。使用二分法思考或者回答问题常常有这样的尴尬,不是对就是错,不是好就是坏,不是美就是丑。这样的回答不仅不合适而且也不正确,因为我们的很多状态就是第三面,不对不错、不好不坏、不美也不丑。

易经的一阴一阳谓之道,就是说万事万物是阴阳消长的过程,时刻都在变化,阴可以变阳,阳可以变阴,阴中有阳,阳中有阴,不是固定不变的。对中有错、祸中有福、丑中有美,这些都是不一定的,都是存在第三面的。

2. 善用情理法

我们该怎么管理,用规章制度,用企业文化,还是道德说教?了解了一分为三的思想,你就会知道,很难说哪一个是对的,哪一个是好的,在不同的情况下适合采用不同的方法。情理法,哪个放在第一?比如说员工迟到了,作为主管的你会怎么办?直接按照规章处理吗?迟到可能是特殊原因造成的,惩罚错了不好下台。中国人比较爱面子,特别是对于优秀的员工,对自己的面子看得更重要,上来就用“法”,员工会很不满,甚至愤然辞职,因为管理不当流失一个优秀人才损失太大。难道有规章不执行,睁一只眼闭一只眼吗?当然也不可以,这样就成了不负责任的主管,久而久之,企业规章也成为一纸空文。

我们管理首先要讲情。身在一个单位,大家都是同事或者上下属关系,还是十分亲密的。当员工没有把工作做好时,他自己也是十分苦恼的。我们要去问明情况,尽量地关心和帮助。情就是面子,讲情就是给别人面子,这是我们作为管理者最需要注意的。无论我们是在工作会议、商议事情、探讨问题,还是私人交流,给别人面子体现了一个人的素质,也有利于事情的进行。你如果不给他面子,讲得再好、再有理,也没有用,因为对方根本听不进去。作为管理者应该尊重员工,让大家都有面子。情的管理也是人性化的体现,人都是富有感情的,管理不能没有情。尤其是对人才的管理,感情投资非常重要。古话说,“士为知己者死”,必须充分考虑员工的心理、情绪,以及多层次的需求,这样才能打动员工的心。

其次要讲理。“由情入理”说得很好,你首先要讲情,对方能听进去你的话了,你再讲理。你给了对方面子,对方就和你讲理;你不给对方面子,他就和你胡搅蛮缠。有一次我要坐 2 个小时的大巴车到另外一个城市,车上是对号入座的,一个人上车发现有个人占了他的座位,上去说:“让一下,这是对号入座的,你去找你自己的座位!”对方听了,面子上挂不住了:“你的座位我就不能坐了吗?我今天还就是坐定了,你能把我怎么样?”接着是一场争吵。凡事要用情先引导到说理的地步,再去讲理就比较好了。教育员工和教育孩子是一样的,要先理解他、关心他,给他面子,他能接纳你,能听进去了,再讲理。

最后讲法。企业管理的"法",就是各种规章制度及相关政策规定,目的都是在管理活动中能够有章可循、有据可依。"法"是死的,是僵化的,是需要人去合理应用的。情和理讲不通的时候再用"法"。企业中的"法"是需要与时俱进的,要合理、适宜,顺应"理",能够以理服人,达到和谐。

四、假如我是大型企业的总经理

(一)企业文化是关键

当 IBM 处于经营最为困顿的时候,郭士纳(Louis V. Gerstner, Jr.)却毅然选择入主 IBM。在他的著作《谁说大象不能跳舞?》(*Who Says Elephants Can't Dance?*)一书有关企业文化的第二十章中,郭士纳说:"我开始发现,在我领导 IBM 期间,文化不仅仅是游戏的一部分——它就是整个游戏。"

在弄清楚企业文化之前,先要知道什么是文化。文化是指人类活动的模式以及给予这些模式重要性的符号化结构。中文语境下的"文化"实际是"人文教化"的简称,前提是有"人",有人才有文化,意即文化是讨论人类社会的专属语;"文"是基础和工具,包括语言和(或)文字;"教化"是这个词的真正重心所在:作为名词的"教化"是人群精神活动和物质活动的共同规范。西文语境下的"文化",英语 culture 一词源于拉丁语 cultura,意指栽培、脱离原始的状态,与中文的人文化成、统治教化的意思全然不同。

那什么是企业文化呢?指的是企业在长期的生产经营实践中,创造和形成的具有本企业特色的精神和某些物化的精神。美国《幸福》杂志曾说,没有强大的企业文化,就没有卓越的企业价值观、企业精神和企业哲学信仰,再高明的企业经营战略也无法成功。无论是新创企业还是正在成长的企业,要取得长足的发展,就需要以文化激活企业的发展潜力。企业领导者要善于了解它、引导它、用好它。企业文化由价值观念、企业精神、历史传统、道德规范、行为准则、员工文化素质,以及蕴含在企业制度、企业形象、企业产品之中的文化特色等构成。

著名的管理学家约翰·科特曾经说过:“只要你是成功者,你就会有一种文化,不管你是否想要。而没有企业文化的是那些长期以来不断失败的公司。”

大型企业的总裁不会亲自跟你谈业务,要谈就谈文化,国外大企业老板都是这样的。大企业靠个人奋斗是不会做大的,最主要的还是企业文化。什么是企业文化?好多人搞爱心捐助、喊口号,那是企业活动不是文化。企业文化不是写在墙上漂亮的口号,而是写在员工脸上、表现在员工的工作行为上的。一次在福建住酒店,吃早餐时,我拿了牛奶却忘了拿吸管,一个员工看到了立马拿着吸管跑过来给我,这就是企业文化。员工精神和企业文化其实就是老板的思想通过员工表现出来,从而为社会带来正能量。就像邵逸夫把大部分资金投身于教育事业,直到他一百多岁仙逝,他还是活得很开心,这就是善给他带来的福报,这种行为是他内心的展现。那什么是企业文化?企业文化是“一颗洋葱”,包含四个圈:第一个圈是核心层,第二个圈是制度层,第三个圈是行为层,第四个圈是标识层。

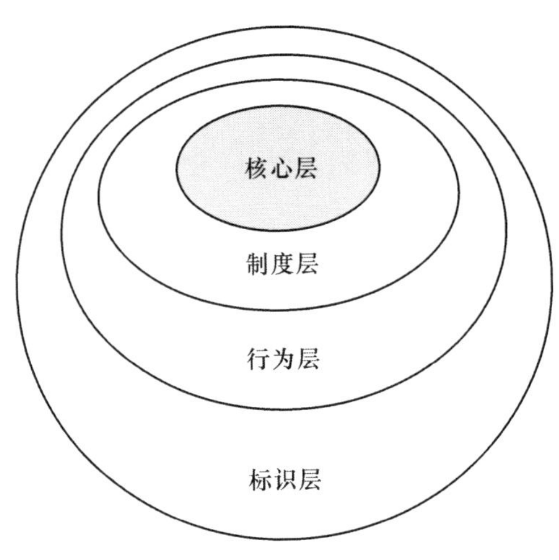

图 6-2　企业文化结构

企业核心文化体现在企业的理念识别系统 MI(Mind Identity)上。企业精神文化是企业文化的核心层。它是企业职工的共同意识活动,包括生产经营哲学、价值观等。它是企业文化的最深层结构,是企业的源泉,是企业文化比较稳定的内核。

企业经营哲学

重视效率也重视效能。企业不仅要重视效率,更应该重视效能。效率与效能不一样,企业通过调整与外部环境的适应程度,改进效能;企业通过改善内部条件,提高效率。我们常说"做正确的事情"指的就是改进效能,"正确地做事情"指的就是改进效率。

关心内部也关心外部。只关心内部的优化是不够的,内部的管理水平、信息化水平、生产运作水平不断提高,但是没有外部的市场、新的技术、新的产品和客户的开拓也很难发挥出内部的优势。尤其是以客户为中心的时代,要花大力气研究客户,研究需求,这是存在于发展的根本。

关注现在也关注未来。走一步,看三步,做这一步的时候就要研究下一步要做什么事,要怎么走。要有“吃着碗里的,看着锅里的,想着地里的”这种思维。想想看 AT&T、IBM、EXXON 石油公司寿命 50 多年,松下 250 多年。而我国企业寿命普遍只有 3～5 年,不关心未来,没有长远的战略规划是一个重要的原因。《老子》说:“民之从事,常于几成而败之。慎终如始,则无败事。”意思是:一般人做事,常常是在快成功时却失败了,所谓“行百里者半九十”。谨慎地做到最终,就像开始时一样,就不会有失败和差错。办任何事情,自始至终都应慎之又慎,这样才不会出现差错。大多企业办事,容易虎头蛇尾,开始时认真、细致、谨慎、严肃,久后则是敷衍、马虎、粗心、草率,不能始终如一。

不只是一般的人和企业,即便是帝王之辈,在创立“万世基业”的宏伟大业时,也避免不了这种心态。纵观历代开国立朝的君王,有几个是在成事后(有的甚至在成事前)不走上骄奢淫逸,骄横暴戾、残杀功臣的道路的?企业要立大业,必须永远善始善终,一直像困难时期那样谨慎努力,这才是真正的“成事”之道。什么时候放松了对自己的要求,什么时候就是失败的开始。创业容易守业难。你也许会说:“这么苦,那我还非要成事做什么?”抱这种人生观的人,注定难成“大事”,即使侥幸成事了,也会贻祸别人和子孙。

千里之堤,溃于蚁穴。细节往往决定成败。一个朋友是酒店老总,我有一次拜访他告辞时,正好在门口看到了保安十分积极热情地迎送客人,老总说,这是个人才,和别的保安不一样,做事主动又认真。相反,如果是懒懒散散、推三阻四的员工,给客人和老板留下的印象就不一样了。一些小事,足以给我们提供机遇,也足以招致失败。我们经常吃快餐,中西式的餐厅现在遍地开花,但就简单的一个问题,餐厅内的洗手间,有几家快餐企业配备了?除了肯德基、麦当劳等企业,很少有快餐企业愿意关注这些细节。没有洗手间,你的客户怎么方便?你的员工怎么保持环境的清洁?客户能开心地用餐吗?企业能发展壮大吗?注重细节、关注品质与服务,这是成功的秘密。

上下同欲者胜。很多人说,管理说不清,不同人有不同人的方法,不同情况有不同的应对,很难说,很难说。实际上,管理的核心是对人的管理,整个团队同心同德便是好的管理。孙子说,上下同欲者胜。孟子讲,天时不如地利,地利不如人和。世上仅存的加州红杉,高度超过30层楼。红杉根浮于地表,便于快速而大量吸收水分,红杉的生长,必定是一大片红杉林的根紧密相连,结成更大的网络。再大的飓风,也无法撼动。

一个员工不能只靠自己的强大,成功需要依靠团队,只有加入成功、积极的团体,自己才能获得更大的成功。一个企业不能仅仅看他拥有多大的规模,多大的厂房,多少条先进的生产线,而是看这个企业是否像一个家庭,如果员工之间是兄弟姐妹,彼此尊重,相互谦让,那企业的核心竞争力就能够发挥出来;如果尔虞我诈,你争我夺,那即使是再大的规模、再先进的生产线,也不能够得到充分的发挥。二战后德国出现了困难,但是工人们团结起来,提出降工资而不是增加工资,正是这一举措加快了经济建设,可见德国企业向心力的强大。

讲故事,说管理

企业的经营哲学

糖汽水的可口可乐:贩卖快乐

可口可乐公司自成立至今,作为世界最大的饮料制造商,打出的口号一直是为消费者带来快乐。“酷爽阳光”“清凉一瞬间”“活出真精彩”,

这些都是可口可乐公司过去设计的广告词。前宝洁公司全球市场官、品牌顾问斯坦格尔(Jim Stengel)说过:“他们做的每件事都是为了激发快乐,培养快乐,创造快乐。”作为一个生产糖汽水的公司,可口可乐将快乐这一理念运用到消费者身边的每一个角落,才有了现在的国际地位。

联邦快递:一诺千金

我们都听过“联邦快递,一诺千金”的宣传口号,作为一家快递公司,联邦始终坚持诚信的原则。所有员工都对手中的工作有着勇往直前的热情,也因此塑造出强大的企业形象。

在兑现承诺和运营效率等方面,联邦快递公司获得的最高评价就是其“能力”,尤其是除了为消费者提供非常可靠的服务外,联邦快递品牌通过“我们理解”(We Understand)等活动大大增强了消费者的信任感。在这方面,Future-Brand公司纽约分公司高级战略总监布兰查德(Kari Blanchard)说过:“他们意识到自己所运送的并不仅仅是一些包裹和箱子,而是人们的财富、生活和未来,那些包裹里的东西对人们有很重要的意义,从而提升了品牌形象。”

星巴克:提供交流空间

在这个快节奏的时代,人们越来越少坐下来细细品尝咖啡,但是唯有星巴克——这家世界领先的专业咖啡零售商坚持了最初的承诺,要为人们提供一个交流的场所,此后公司的业务和品牌都重整旗鼓。斯坦格尔表示:“星巴克对其使命感已经有了更深的理解,那就是成为消费者感情交流的场所。”

不管是免费WiFi、店内播放的音乐,还是宽大的桌子和聚会、会议空间,星巴克门店所有的设计目标都是为了帮助消费者更好地交流。斯坦伯格说:“随便走进一家星巴克都会看到有人在谈生意,有人在聊天。星巴克很了解这点,店内每样东西都是为了帮助消费者沟通感情、探索、激励和创造。”

苹果:最酷(最有趣)的产品

当所有的公众和媒体都屏息等待每一个新产品发布的时候,也就意味着这个产品对人们的影响力巨大,现在,也唯有苹果公司能够做到。不管苹果发布什么新产品,消费者都相信它肯定具有高度智能化与时尚感,将会改善我们通信、工作或闲暇时的娱乐生活,更重要的是,就连购买过程都令人非常愉悦,所以人们宁愿排一整天队也要买到新出的产品。

在以创造力和表现力闻名于世的同时,苹果品牌通过产品专卖店培养起销售人员和消费者的零距离互动,不断提高品牌的感情分。“他们聘用的店员都很体贴,而且不会根据销售额来决定员工业绩。”斯坦格尔将苹果专卖店的经营策略赞为“史上最好的销售策略”。他认为苹果公司是真的希望可以通过店内的购物体验为客人带来鼓舞与愉快。

苹果的品牌哲学并不是一句挂在嘴上的口号,而是通过苹果最大的品牌宣传队伍展现在消费者面前。

耐克:乐观进取的态度

大街小巷不管哪里都能看到耐克的身影,不论年龄与性别。耐克公司宣称自己的使命是“为全世界所有体育爱好者带来激励和创新”和“只要你有身体,你就是体育爱好者”。

达特茅斯学院塔克商学院的营销学教授、品牌顾问凯文·莱恩·凯勒(Kevin Lane Keller)认为,正是这些强有力的信息和主流口碑让耐克公司在全球消费者心中占据如此重要的地位。凯勒说:“耐克一直非常关注消费者,其丰富的接入点令耐克品牌不仅受到专业运动员的欢迎,同时也吸引了普通大众。这个品牌强调的是自强不息，发挥自己最大实力，向每个人都发出了‘Just do it’的邀请。”

其实耐克最大的优势之一就在于不间断地开发新产品，它曾先后发明了耐克气垫和Dri-Fit面料等，对消费者来说，越爱创新的企业就越显得专业。凯勒说：“如果你常有创新，消费者就会更加信赖你，因为他们觉得这样的企业肯定是懂行的。耐克的第一个产品只是万里长征的第一步，经过无数的发明创新，耐克已经从一家单纯的高端运动鞋公司彻底转型为全能型体育用品生产企业，业务遍布全球，覆盖各种体育项目。”

企业价值观

谈到核心价值观，一般人总觉得是很虚的东西，这是企业发展壮大最需要的保障。我们拿教育孩子为例，我们究竟是教育自己的孩子要注重“个性发展”还是注重“集体责任”，你教给他的价值观如果是个性自由发展，他就按照这个来做，追求自己的幸福、追求自己的爱好，主要考虑好自己就可以了。你教育他要讲求“集体责任”，他就会考虑家族荣誉，为父母争光，希望父母过上好日子，艰苦奋斗，忽略了自己真实的喜好。哪一个对？不好说。这里我们只是要说核心价值观对个人和企业有很大的影响力。

价值观是指人们对于客观事物的意义、重要性的总的评价和看法。当企业绝大多数员工的价值观趋于一致时，就形成了企业的价值观。企业价值观指企业的基本信仰、追求、经营管理的基本理念；企业价值观为员工提供强大的精神支柱，使职工感到工作、生活很充实、很有意义，能激发员工极大的热情和工作的主动性。企业价值观规范员工的行为，协调企业的各项活动。企业价值观念告诉员工什么是应该提倡的，什么是应该反对的,从而净化人的心灵,培养人崇高的理想和高尚的道德。企业的核心价值观融入经营管理的各个角落就形成了企业的目的观、质量观、道德观、竞争观、服务观、人才观、学习观、决策观、经营观、管理观、生产观、营销观、危机观等。价值观不同,表现出来的思维逻辑、评判标准及现实行为就不同。对企业来说,一开始创业往往是大家同心同德走到一起,有共同的价值观和愿景,认知和行为高度一致。规模较大的时候,部门越来越多,员工成倍增长,出现问题,该按照什么样的思路、什么价值观判断?不同的价值观做出的决策完全不同,思想和行动也难统一。企业发展壮大,必须靠文化,必须凝练核心价值观,这是企业经营管理的核心指导思想。这种文化的不同,规定着企业的发展方向,也才是真正能体现出企业个性与差异的地方。

(二)关爱责任做主线

企业文化又像一棵树,最下面的根是股东,上面的树干是总经理,再往上面是副总经理、部门经理和班组,树叶是员工。之所以要倒着看,是因为一棵树如果要开花结果,就必须接受阳光,而员工恰好是最直接面对客户的,他们的内心世界愉快或否都会直接传递给客户。所以,企业管理者一定要关心每一层员工,让他没有后顾之忧,对应企业文化树,就是从下而上讲关爱。而员工要对企业讲责任,每一个下级要对上级负责,对应企业文化这棵树,就是从上到下讲责任。企业发展的基本要素有了之后再把一些企业的核心观念融入其中,通过目标的制定来对未来做出规划,制定年计划,再划分为小计划去认真执行,最后成果出来按要素分配。

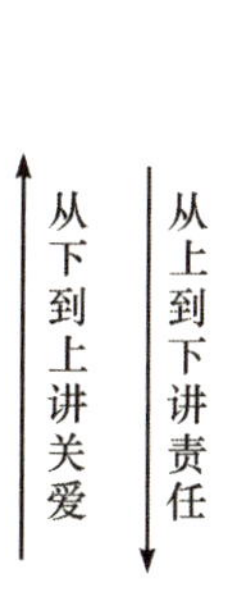

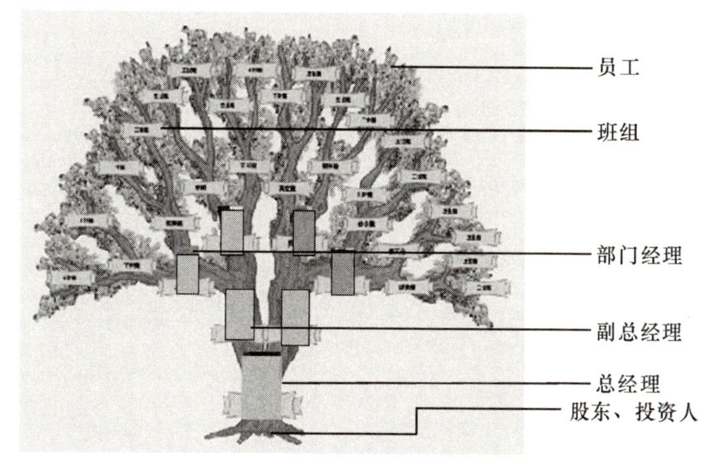

图 6-3 管理之树

《易经》家人卦说:“王假有家,勿恤,吉。”是说,如果一个国家的君主能以美德感化众人并视天下为一家,则无须忧虑,吉祥。即在内部管理上实现家庭式管理,使每一个员工都把企业当作自己的家,一个单位就是大吉大利了。有些领导者虽有些能力和才华,却不懂得关心下属,对下属疾言厉色,结果弄得员工十分反感,做起工作来自然就无精打采,没有效率。如果领导者能经常到下属家探访,这样会在无形中营造一种家的温馨氛围,不仅能融洽上下级关系,更能激发下属的潜能。

讲故事,说管理

微服私访,交心服人

五代十国后期,公元 959 年,周世宗柴荣去世后,他的儿子柴宗训继位。年少的柴宗训无力驾驭政局,不少人趁机密谋策划政变。赵匡胤在石守信、王审琦、刘廷让等人的支持下,发动“陈桥兵变”,夺得了皇位。

赵匡胤做了皇帝以后,认为经常和大臣们联络感情可以帮他坐稳江山,所以在位16年中,他经常微服出行,私访臣子。

赵普是赵匡胤在攻下南唐军事重镇滁州后结识的,赵匡胤深为赵普的为人和学识所打动,就把他召入幕府,作为自己的第一谋士。赵匡胤登基的第二年,就提拔他做宰相,一人之下,万人之上。

这天,赵普退朝回来时天色已晚,大雪纷飞,北风怒号,赵普畏惧天寒,就早点上床休息了。快到半夜时,忽听见仆人在门外叫他,说是有客人要见他。赵普睡得正香,就让仆人告诉那人明天再来。仆人出去一会,又进来说那人让他亲自出去,一看就知道了。赵普清醒了些,感觉有些蹊跷,就穿好衣服出门去看看来人究竟是谁。雪下得很大,他来到门口,正看见一个人身披狐裘大衣,身材伟岸,借着灯光一看,竟然是皇上赵匡胤。赵匡胤说:"宰相睡得好香啊!"赵普吓得"扑通"一声跪在雪地里,慌忙说道:"罪臣不知皇帝来此,未曾远迎,请皇上治罪!"赵匡胤扶起赵普,两个人一起往屋里走,赵匡胤边走边说:"我还约了皇弟匡义,他马上就到了。"这时门外响起了脚步声,晋王赵匡义踏雪而来。君臣三人落座以后,赵普以为赵匡胤会说出什么国家大事来商量,不料,赵匡胤却笑着说:"如此寒冷天气,要是有羊羔肉来烤,再喝上几杯美酒,就不惧怕寒冷了。爱卿家可有此物啊?"赵普赶紧命人烧起炭火,拿来美酒,与皇上对饮。

酒喝了一半,赵普见赵匡胤兴致不错,就小心翼翼地说:"深夜天寒,陛下怎么还有兴致来臣家呢?"赵匡胤放下酒杯,说道:"唉,我睡不着啊!我这一榻之外,都是别人的地方,所以才来找爱卿你说说话。"赵普心中十分感动,立即说道:"是不是北汉、契丹、后蜀、南汉、南唐、吴越和荆南这些边患?现在中原已定,正是南征北伐的时机,陛下打算怎样出兵呢?”赵匡胤说:“我想先拿下北汉的都城太原。”赵普沉思了一下,说:“太原是北方要塞,扼西北要冲,如果我们攻下太原,吞并北汉,那么契丹的边患就压在了我们肩上。不如先取他国,留着北汉替我们抵挡契丹。”旁边的赵匡义大笑着说:“宰相果然高见。皇兄曾经和我谈过,自五代以来,连年战火不息,国库空虚。我们如果先打下巴蜀、江南等地区,那我们的收入就会源源不断了。北汉和契丹接壤,可留下它作我们的北方屏障,等我们国家富强了,再拿掉它也不迟。当年周世宗手下大臣王朴曾献计说先南后北可定天下。可惜王朴已经死了,所以皇兄特来问你。你的计划极有见地,看来只要我们君臣同心,天下可以平定了!”赵普听到这话,赶紧说:“皇上英明神武,又能对臣坦诚相见,臣自当竭力而为。”果然,赵匡胤按照这个计划平定了江南。

对自己经常微服私访之事,赵匡胤曾对赵普说过:“朕年轻的时候就爱交朋友,常去别人家做客。现在微服私访,倒不是为了查看大臣们的行为,如果想查看你们,朕就不用亲自出来了。朝上是君臣,殿下是手足,朕这样做不过是想和你们多加亲近罢了,不要多虑啊。”不只是赵普,几乎朝中所有的大臣,赵匡胤都曾微服私访过,人人都对他心存感激,终宋太祖一生,没有一个亲信大臣变心叛乱的,这不能不说是个奇迹。

日立(中国)公司把“婚姻介绍所”搬到公司里面来,其目的也正是在此。现在一般的公司都希望员工未婚或者短期内不要孩子,而在日立(中国)公司,老板很重视员工的婚姻状况,在公司内还特意设立了一个专门为员工架设的“婚姻介绍所”。一个新员工进入公司,可以把自己的学历、家庭背景、身高、体重等资料输入该公司电脑网络。如果某名员工想要找寻另一半,只要递上求偶申请书,对方便有权调阅电脑档案,申请者可以利用休息日坐在沙发上慢慢地、仔细地翻阅这些档案,直到找到满意的对象为止。一旦选中,联系人会将挑选方的资料等情况邮寄给被选方,被选方如果同意见面,公司就安排双方约会。约会后双方都必须向联系人报告对对方的看法。日立(中国)公司人力资源部门的管理人员说:由于现代人工作紧张,职员很少有时间寻找合适的生活伴侣。我们很乐意为他们帮这个忙。其实就另一方面而言,这样做也能起到稳定员工、增强企业凝聚力的作用。日立(中国)公司让它的员工觉得,公司就是他们的家,他们就是家庭里的一分子,公司会给予他们充分的关怀。

中国的管理者总是努力和下属建立一种和谐融洽、团结友爱的关系,他们首先做的就是放下自己的官架子,摆正位置,以朋友的身份与他们打交道,平等相处,就像是一家人一样,让他们充分感受到家庭的温暖。那么,谁还会不为自己的家庭卖力呢?

附录 管理感悟

最高的管理法则——无形胜有形

——徐捷（宁波石源矿泉水开发有限公司副总经理）

我1989年大学毕业，做了四年老师，回到宁波后一直跟着张弼君董事长从最初的宁波开发区石油公司，到与中化合作成立京甬石油液化气销售公司，再到后来引进美国埃索公司组建中化埃索石油液化气有限公司、宁波北仑杨公山码头有限公司。2002年，企业又开始第二次创业。而我也从当初的张董事长的秘书，成长为石源投资公司的下属企业——宁波石源矿泉水开发有限公司的副总经理，角色虽已转换，但二十多年来一直跟随着张董事长。

一路走来，给我印象最深的是张董事长与生俱来的领袖气质和其百折不挠、自信淡定的气场，即使泰山崩于前而色不变，始终能在困难与挫折面前保持乐观，从而想办法战胜困难与挫折。“自信人生二百年，会当水击三千里。”无论是当初白手起家，在国家没有一分钱投入的情况下创建石油公司，还是筹建杨公山液化气项目，从银行高息借来几千万资金投入，遭人误解，被不公正对待，任何时候在他脸上都看不到消极委屈和懈怠，自始至终传递的都是正能量。

最初只有十几人的小公司，在张董的带领下，与世界500强企业美国埃克森、日本的住友商社、芬兰的NEST公司合作成立华东地区最大的液化气公司,这是第一家从国外进口液化气、第一家吸引国外跨国公司来宁波以竞价方式受让股份的企业。张董还是第一位作为世界500强企业——中国化工进出口总公司的子公司老总,受到时任经贸部部长吴仪表扬的国有企业管理人员。张董创造了太多的第一,不经历风雨,怎能见彩虹?张董丰富的人生阅历,本身就是一部绝好的教科书。

说到管理,我以前总觉得没有管理,一切都是那样顺其自然,我们企业没有复杂的人际关系,没有钩心斗角,没有争名夺利,所有的员工都在张董的带领下朝一个方向去努力。但直到参与撰写本书,听到张董关于管理学的主题演讲,才觉得不是没有管理,而是张董把高巧的管理艺术融合在日常管理工作之中,润物细无声,以自己的人格魅力影响着公司的每位员工,可谓无形胜有形。

记得1993年我刚进石油公司时,公司上下流传着一个故事:

1991年初,海湾战争一触即发。时任石油公司老总的张弼君通知全公司:

"手里的工作通通停下,看电视!"

上班看电视,有这等好事?没错,只听他又补充道:

"多注意多国部队,炸了多少口油井,一口一口给我数清楚!"

你不是五角大楼的参谋长,不是萨达姆,你操的哪份儿闲心?

张弼君可不是操闲心。透过海湾战争的硝烟,他似乎看到了什么。

那一天,他正驱车从南通赶到上海。本来是到南通进油的,一看价格不对,掉头就走。车到太仓,车上的收音机里传来海湾战争爆发的消息。几乎没有一分钟的犹豫,老张立即返回南通,吃进3000吨。当许多石油公司刚刚从多国部队的第一轮轰炸中醒悟过来,老张紧接着又让公司猛吃2万吨。然后,他稳坐钓鱼台,真的笃笃定定地和同事们看电视去了。

商场如战场，两军相逢勇者胜、智者胜。果然不出所料，海湾一开战，油价飞涨，每天一吨涨 100 元。别的公司抛出吃进好不热闹，只有老张纹丝不动。17 天后，海湾战争结束。这时许多厂家认为油价还要看涨，理由是科威特和伊拉克的油井被破坏了，一下子不可能恢复。于是不管此时油价已经高得吓人，还是一个劲儿吃进。老张却反其道而行之：统统抛出！他的依据是：战争虽然打烂了伊、科的油田，但是眼前的油价是哄抬上去的。不是没有充足的油，而是被人们高价吃进不肯抛出所造成的。这种局面是不可能持久的，一是心理压力，二是巨额资金占压不起，因此油价必定很快回落。

果然如此，与先前正好相反，此后油价每天每吨下跌 100 元。

一场海湾战争，除了战场上的输家赢家以外，还有另一些输家赢家。国外许多石油公司倒闭了，国内许多大公司亏了本。张弼君却潇潇洒洒地赚了一大笔，当了一回漂亮的赢家。

听完这个故事，也许大家会被他敏锐的判断力所折服，其实正如本书第二章管理入口所说：欲知诀窍问自身——“扳机扣动，子弹能中的吗”？张董在关键时候准确的决策能力源于他平时对自身的管理，源于他平时对信息的积累。

张董高中未毕业，就进入海军工厂服务于海军事业。虽然没有经过正规的高等教育，但并不妨碍他成为一位出色的领导人、一个优秀的管理者。

正如本书所述的：管理知识并不一定必须通过“正规的”管理教育才能获得，“正规的”管理教育只能使人获得管理学学位。但果断能力、冒险精神、自信心、洞察能力，这些并不是仅仅从书本上能获得的，而需要在实践中不断磨炼心智,经受过无数次失败与挫折后才能获得。

商场如战场,机遇总会瞬息即逝,不能等到有100%的把握时才出手,凭感觉,有60%的把握时就要出手。而这种感觉只能靠自己平时的学习与积累。机会始终是留给有准备的人的。

前几天刚好读完《贞观政要》,书中讲到贞观四年的一天,唐太宗问萧瑀:“我跟隋文帝比起来,你认为怎么样?”

萧瑀想了一小会,坦然回答说:“隋文帝勤勉治国,批阅全国的书表奏章,往往从黎明直到日落西山。隋文帝召集大臣们进宫议事,常常忘记时间,到吃饭的时候还没有完,就命令侍从把饭送上来,边吃边议事。”

唐太宗开怀大笑,爽朗地说:“公只知其一,不知其二,隋文帝总怕大臣对他不忠心,大权小权一人独揽,什么事都由他一个人做主,不肯交给下属去办。他虽很辛苦,事情却不一定办得好。大臣们摸透了他这个脾气,都不敢直言,常常是顺着他的心思说话,口惠而实不至,我怎么敢像隋文帝那样?天下地方那么大,四海的人这么多,国事千头万绪,只有请部门去商量办事,遇到大事报告宰相认真考虑,有了妥当的办法,再报告我准奏,然后执行。天下各种事情,都由皇帝一个人来定,那怎么能行呢?如果皇帝一天处理十桩事,其中五桩事处理得尽善尽美,另外五桩处理得不好,一天出五条差错,日积月累,年复一年,谬误积起来,岂不是要毁坏国家吗?把事情交给有才能的人办,自己高瞻远瞩,专事考核官员的功过,于国于己不更好吗?”

曾经兼任多家公司董事长或总经理的张董,举重若轻,一年中有绝大多数时间在全国各地云游四海,而公司却规范有序地运作。他有一句口头禅:“解放自己。”只有解放自己才是真正高明的管理艺术,这与唐太宗的管理哲学有着异曲同工之妙。

一个不愿授权、什么都干的管理者,什么都干不好。一个聪明的领导人,能积极授权,借力成事,一个真正懂得授权的管理者才是一个真正成功的人。张董深谙此道,所以才能治大国如烹小鲜。

本书是张董大半辈子时间搏击商海,从一点一滴的工作实践所悟出的管理哲学以及其切身的管理经验,同时又经过宁波工程学院经管学院朱占锋院长、张晓东博士等管理学专家的提炼与润色,诠释了管理方式的演进、内涵、规律和精华,向读者展示了用科学管理、现代化管理使自己更加优秀的奥秘,非常值得一读。

让优秀管理者的品质驻扎心田

——蔡玮莹(会计 122 班团支部书记)

缘分,让我们这支项目团队相聚在樱花 4 月,从那一刻起,优秀管理者的品质就开始扎根在我们每一个人的心田里,促使我们一直成长,努力,进步。

一次次的激烈辩驳,一次次的思想碰撞,一次次的聆听感悟……这一切,对于我而言,与其说是在写书,不如说是在汲取成功企业家和教师学生团队的独特思想精髓。

张董的每一次讲述都是那么热情澎湃,让我获益匪浅。其中,令我印象最深的就是他对真正意义上的优秀管理者的阐述。他告诉我们,真正的管理者不可能总是手机业务在线繁忙,整天忙碌穿梭于办公室与下属部门之间,而应该是面带笑容,从容淡定,有条不紊,对生活充满热爱。这不禁使我浮想联翩,我想真正的管理者的生活应该是这样的:当天空出现过第一缕朝霞,他吹着口哨,尽情地与树丫上叽叽喳喳的鸟儿“打情骂俏”;当窗棂前洒了一地阳光时,他约好了几个棋友,让自己的棋子化为一匹脱缰的野马,驰骋在宽广的棋盘上;当午后惬意的慵懒时光来临,他端起咖啡,看着报纸,紧密关注着世界国家大事……由于事先早已合理安排好了工作岗位,友好关心了下属员工,制定了相当公平公正的奖金制度,长期有效地让下属各司其职,同时又投入了大量资金在技术创新上,使得整个公司的运营都非常稳定,让处于最上层的管理者的工作最为轻松空闲。而这一系列的事先管理能力,也就是一名真正意义上的管理者所具备的优秀品质!

虽然,想要成为这样优秀的管理者,过程是非常艰辛与漫长的,但是,这本书能够很好地帮助每个人开发自己的潜能,引导读者从内而外地绽放出内在的光彩,从而拥有优秀管理者的资本。

德国有一个研究院,认为世界上已经被发掘的物质不足总量的5%,而95%以上的物质还没被发现。管理者本身也一样,最重要的一点就是开发内在的潜能。想要真正成为一名优秀的管理者,需要做很多很多的准备工作。

我认为想要成为优秀的管理者,需要做到三点:自我管理、和谐管理和创新管理。

自我管理是优秀管理者需要完成的一项首要工作,这既是一种自我完善,也是一种自我激励,更是一种自我实现。对企业管理者来说,自我管理是其他一切管理工作的基础。这是任何管理者成功扮演好角色的必备条件。进行良好的自我管理是走向优秀管理者的垫脚石。

其次,一名优秀管理者身上必定存在一种亲和力。他懂得如何体贴和谅解员工,如何为他们创造良好和谐的工作环境。和谐是中国传统文化的核心内容,也是搞好管理必须坚持的基本理念。拥有和谐的企业氛围,可以让员工感受到家的温暖。拥有和谐的人际关系,可以让上司与员工的关系变得融洽和自然。很多员工都有一种感觉,就是在老板面前放不开。本来平日里的工作表现都非常良好,但是就是因为在老板面前表现得过于紧张,导致一次次地失去了得到提拔的机会。如果与上司的关系处理得恰当,能很好地帮助上司加深对基层的了解,也能使员工的利益得到更好的保障!有了和谐,才能以微笑的姿态出现在消费者面前。和谐是企业成功晋级国际王牌圈的通行证,建设“和谐”企业将会是全体管理者的终极目标!

最后,我认为处于企业竞争日益激烈的21世纪,创新是一家企业运营跳动的脉搏,是一个企业生存和发展的灵魂,创新可以使人力和物质资源拥有新的、更大的财富创造能力,是企业实现核心利益目标最重要的保证!换句话说,创新是一种潜在的无限量的财富和利益,是企业的核心竞争力!这也正是一位优秀管理者万万不能缺少的品质!管理者需要及时吸收更新的知识,取代滞留在脑海里的过时的信息,以便做出最及时的决策。当然,依靠管理者一个人的智慧是远远不够的,管理者需要把自己的理念灌输到所有员工的脑海里,而这靠的又是管理者的协调能力和领导能力。

如果优秀的管理者的心胸足够宽广,宽广到能够包罗所有管理者应该具有的素养,那么,他应该也就能够顺便装下整个世界!

在我的大学生涯中,我对优秀管理者发出了挑战,有幸成为团学社的社长。这无疑是所有老师和同学对我极大的认可。虽然,想要成为真正的管理者,我还有很长的路需要走,但是在一定程度上,我的名字已经列入管理者的候选名单中。从成为部长的那一刻起,我就将自己定位为准管理者,无论做什么事,我都会考虑周全,尽量不让事项的某些环节出现冲突。我不仅需要合理有效地接受来自老师的命令,而且需要尽快剖析出工作事宜,将任务安排给各位干事。显然,作为管理者,这是一个承上启下的角色环节,是整个工作流程的重要推动力。在团学社工作的这段时间里,我学会了管理者最起码的素质,我通过对组织的各类资源进行有效的计划、组织、控制,通过扮演领导、监听的角色,驾驭对组织的掌控,既完成了上级布置下来的指令,也使下级成员高效率地完成了既定的目标。希望自己能在接下来的大学生涯里,继续抓住每一次锻炼自己的机会,让自己变得更加优秀!

心存信念,终将实现!只要在心田里永远都贮藏着管理者的优秀品质,每天激励自己,其实,你可以变得更加优秀!

做最好的自己,从自我管理开始

——王琳洁(国商 122 班班长)

不是每个人都渴望像比尔·盖茨那样成功,但每个人都有对自己成功的定义。虽然每个人都会想象自己成功的模样,但并不是所有人都能经营管理好自己,而去获得成功。

我渴望自己变得优秀,可以妥善地处理好所有要做的事,可以按部就班地实现自己所有的规划,可以得到身边朋友老师领导的认可。优秀也曾被喻为一种习惯,如同自己希望的,讲起优秀,可以想到我。

谁也不是生来优秀,那么是什么让人和人之间的差距越来越大?你是赫赫有名的董事长,我是默默无闻的小职员;你可以出国留学深造,我只能辍学打工。以前的我总觉得与家境有关,与金钱有关,与社会权利有关。是张董事长让我意识到,其实你从自身管理开始,做好自己,健康、成功、优秀都会随之而来的。

如果想不听到梦碎的声音,如果想以自己喜欢的方式过一生。这一生,你势必会遇见很多困难,幼时无法独立做你渴望的事,因为大人会插手会担忧;再大点,被无尽的学业困扰着,为无数次的考试耗费精力;好不容易熬到大学,却发现你需要更高的情商才能显得自己优秀,你无法管好自己,安排好自己的事情,更何谈使自己变得更优秀。张董说,管理就是要从自我开始的,一个连自己都管不好的人,何谈去管别人,领导又怎么会让他去管理?是的,生活充满管理的学问,生活处处需要管理,"管控理顺"才能开启幸福人生,这是多么具有哲理和引人深思的结论呢!

每一次的交流都让我深有感悟,我觉得自己的价值观和处世观在思想的碰撞中不断丰满起来。以前,我觉得你要让人家打心底信服你是一件缥缈而不够真切的事,是张董的人格魅力和生活阅历让我觉得一个真正有实力的人是自然而然地让人佩服的。让我印象特别深刻的是那三个小故事。第一个故事是"扳机扣动,子弹能中的吗?"教给我们自备其身的重要性。有时候,我总觉得是没有伯乐赏识,不曾发现自己的闪光点,别把自己想得太好,这是不正确的。或许是自己具备的点不够闪亮,太过晦涩,并遗忘了去擦亮它,不曾悉心经营,怎么能收获一方肥沃。我们都是自己唯一的领导者,与其将过多的目光着眼于人家怎么选我,还不如放在我怎么去改进欠缺之处,比之其他人,我的不足在哪里。其实我最应该思考的,是哪些地方不如别人,如何去改进,向谁学习。绝不是纠结于我是千里马,伯乐的眼光都去了哪里?是的,是金子总会发光的,但前提是你必须是一块金子。既然还不是金子,就努力先将自己打造为金子吧,向金子靠近一步是一步,然后总会发光的。

第二个故事是“轮到庄家,牌局能和吗”。这个讲的是机会。我也曾遇到许多机会,有些自己抓住了,有些根本没来得及把握,望着它消失,或者散落在别人头上,谁也不想重复一遍不可控的人生,谁都愿意得到成功的青睐。听了张董讲的,我觉得要善于把握生活对你的一点厚待,可能你只能偶遇这一丁点的幸运,而这一丁点的幸运恰巧让你成功了、优秀了。就像如果你幸运地被选入学校的某个部门,你比落选的人幸运了,你更要抓住这难得的机会,好好表现,认真工作,争取打一副好牌,你才能在牌桌上顺风顺水,得到更大的赢面。

最后一个故事是“成功机遇,是增还是减?”到底使一个人成功的机遇是越来越多还是越来越少的,听了张董说的子弹发上天空,是越来越少的,但是你射中的猎物越多,你会得到更多次射击的机会。但是射不中,你就基本没机会了。因此,我深刻的意识到把握机遇的重要性,把握住,你有更大的舞台展现自己,把握不住,你就接受做长久默默无闻的自己。这三点是相辅相成,循序渐进的,简而言之就是备自身,握机遇,变优秀,得成功。我想这对每个人来说都是人生之锦囊妙计。

我也充分认识到中国古代文化的博大精深,包括儒家的中规中矩及人与社会关系的不偏不倚;道家的对立统一把握道法自然天人合一的至高境界;释家的拿得起放得下,不以善小而不为,不以恶小而为之的道德观;《易经》则是通过固定存在的整合发挥最大效用。每一种都有它显著的特点和独特的作用,适用于不同的场合,如何去把握,如何去实际运用,这需要看我们在实际生活中的实践,生活青睐智者,可其实它更青睐认真努力的人。做好时间的管理,做自己时间的主人,提高做事的效率,从而去影响整个团队的效率,正如书名所言,其实,你可以更优秀,你可以在别人眼中变得更优秀,你值得变成更好的自己。

世界那么微妙，有那么多种不可思议，别将自己定义在那里，浪费所有可以更优秀的可能。这是我最深切的感悟，请相信每一个想要认真的自己，心有坚毅，雅望蓝天，我可以，我能够，遇见最好的自己。

联系自身悟管理

——张雪萍(国贸124班班长)

作为一名国际经济与贸易专业的学生，我也学过管理学这门课程，本以为对管理已经有一定的认识，但是听了这几次张董事长的专题讲座，与其说是讲座，我觉得更是张董事长在跟我们讲故事，将自己这么多年的经历展现在我们面前。以前在课本上学到的都是些理论知识，非常抽象难懂，读读背背以后过了一段时间就什么都不记得了，张董对管理学的理解让我深深地感受到自己对管理学的认识是多么的狭隘。

在讲座中，我觉得印象比较深刻的是张董事长对“人的管理”的强调，“得民心者得天下”，三国时期的司马懿，在临死前对司马师和司马昭留下这句话，不管是历史还是现在，都是最真实的写照。

张董事长提到三安这个概念：“安股东”“安员工”“安顾客”，都是针对人的管理。其中讲到一个例子，张董事长在一家生产气阀的企业做人才调研的过程中，老板一直在抱怨，比如说新的《劳动法》不好，企业为员工缴纳各种费用，对员工的约束力却不大；抱怨员工没有良心，他为员工提供住宿，还解决孩子的上学问题，最后员工还是说跳槽就跳槽了；这位老板认为自己全心全意为员工着想，却得到这样的回报，相当的不满，但其实他的员工和他的想法是一样的，员工也觉得自己在努力做事，却没有得到应有的回报，对他们的老板也是不满的。

我之前在一家健身房做过兼职,老板要我们每天在烈日下发传单,联系客人来办卡,每天如果办卡的人数不达标还要加班。在我工作的一个月中,员工就换过好几批,基本都是临时的兼职,而在私底下,我们这群员工对老板怨声载道,工作时也是能偷工减料就偷工减料,我觉得这就是管理层对人的管理这一方面的问题,如果老板能多为我们着想,比如说在烈日下给我们发个冰棍,对我们说句辛苦了,只是这么小小的举动,就能让我们感受到被关心和重视,在工作中也能踏踏实实地为企业卖命。

张董事长对我最大的影响,是我从没有想过原来管理还包括对自己的管理,“只有管理好自己,才能够管理别人,一个连自己都管不好的人,谁能放心将重任交给你”。现在很多成功的企业家一心想着爬得更高,把企业做得更大,常常忽略了自己的身体,等到了一定年龄,各种病痛缠身,才觉悟到原来自己的身体才是最重要的,身体是革命的本钱。张董说过健康是一个人的根本,作为我们学生拼命读书,首先应该要把眼睛保护好,近视了对生活非常不方便,很多事情都做不好。还有比如有些人早上不吃早饭,是其实是在慢慢地消耗自己,就像在杯子里的水,一开始灌水没感觉,直到有一天,多滴一滴都会满出来,我们的精力也是这样的,平时一点点耗损没有感觉,但是长年累月积累下去,就会在某一天爆发。这些最质朴简单的道理,却是管理的一门大学问,让我获益匪浅。

这段时间我们对管理学的探讨和研究,让我对管理学有了焕然一新的认识。作为一支团队,我们在这过程中团结共进,培养了深厚的感情。张董、几位教授非常亲切,每次我们的探讨都感受不到时间的流逝,在结束时大家也都意犹未尽。晚上躺在床上,张董的话语都会不经意在我耳边萦绕,比如说刘关张的故事,管理的四扇门,二八定律,人才错位,等等，都需要我慢慢消化。

其实每个人都是一名优秀的管理者，只是有些人的潜力埋藏在内心深处，需要有一个指点将它挖掘出来，而这本书我觉得就是很好的指路明灯，带领我们走向更加优秀的道路。

做一根会管理的苇草

——丁梦莹（校学生会学习部长、营销111班学生）

法国的帕斯卡尔曾经写过这么一句话："人只不过是一根苇草，是自然界最脆弱的东西；但他是一根能思想的苇草。"每个人都有思想，而思想的程度也因人的不同有所高低。我们这本书就是站在一个管理者的角度，探讨一些如何以管理者高度来思想的技巧、方法、哲思等。很荣幸我也能成为该项目研讨团队中的一员，在与小组成员共同聆听张董对于管理的经历和经验的讲授中，我觉得我们不仅学到了作为一名学生干部应该如何进行管理，而且明白了日后走上社会，应该以怎样一种思想来面对"管理"、经营"管理"、活用"管理"，这是平时在书本和老师的讲课中无法学到的宝贵的知识。

在参与研讨的过程中，我感受到最多的是古代的管理智慧——释儒道易。释家所表达的人与自我，向世人诠释了要"重新开始，从心开始""拿得起放得下"，保持"善心如水"，放下现有的欲念，将自己从内至外翻新一下，以一个新的、健康的、阳光的心态重新面世。只要自己新了，从自我出发的一切眼界所及之事都会变得完全不一样，它们将会是亲切可爱的，抑或是真诚美丽的；没有钩心斗角，没有尔虞我诈，只有从心焕发的安宁与舒适，持久地回荡在心间。所以，我们没必要让自己的那些虚荣心成为负担,适当“好高骛远”地去追求自己想要达到的能力是可以存在的,但得记住,合适的压力是动力,过大的压力便会成为阻力,甚至还会变成致命的杀伤力。因此在我们处世之时,唯有抱着恰当的心态才可以踏好这漫漫长路的第一步。不过,“恰当的心态”却也是这其中最难的一招,万物由心出,心如何,所面对的事物也会因心而有所变化。心态好时,看干涸缥缈的沙漠也会有浩然的胸怀并为之感动;心态差时,即便将世间最娇艳的玫瑰花放在眼前,也会觉得庸俗造作。心之所向,便是做事的方向,心态的好坏、轻重由此可知。然而却也奇怪,几乎人人都知道心态是最重要的,还常常把“好的心态是做好事情的第一步”挂在嘴边,但真正做起事情来,却困难重重,遇到不顺心的人或事就不由自主地被心中的黑暗面控制,即便意识中仍然告诫自己不能这样做,但为了图一时的畅快,还是会将不好的一面显露给别人看,并且被这一面影响到最多的是往往至亲至爱的人。所以,为什么要让自己的虚荣心来主导自己呢?为什么要让你的亲朋好友来接受你的怨气呢?好好地面对最真实的自己,看清楚自己的本质,搞明白自己能力所及之处,控制好自己的负面情绪,最重要的是,不要让自信被虚荣心代替了,那会是很可怖的。

儒家是我们所学到的最熟悉的一个派别,因而其主要揭示的“人与社会”中的“做事讲规矩”“行为有分寸”“思维要平衡”是我们较为知晓的道理。但张董事长将他的管理经验融入其中,以一名成功的职业经理人的眼光为我们重新解读儒家的管理精髓,使得这些略显古板老套的话语变得活灵活现、耳目一新,这对于管理思想在具体的管理中的落实有着举足轻重的作用。道家传达的思想是比较想得开的,或许也正是因为他思维无所局限,所以其对立统一的辩证思想,对时中的恰到好处的见解,以及对万物一分为三的认知,才更为曼妙地展现在世人眼前。道家的

“福祸相依”“曲全枉直”等思想,对一名管理者来说是不可多得的管理法则,注重万物的变化,以全面的思维看待事物,并且要把握好它们之间微妙的平衡,这是道家告诉我们的。

易家在“人与宇宙”上的真知灼见是最令我惊喜不已的,它对于“我命在我不在天”的阐述,告诉我们命运是掌握的在自己的手里的。张董在这里引入了一个有趣的解释:命,其实就是DNA这三个英文单词的组合,它是与生俱来的。但是现实生活中,我们习惯将命和运结合在一起,也许命是人无法抉择的,但是与之而来的运却是我们可以塑造的!易学的命运之言,是对于人生的莫大鼓励,对于管理者来说更是醍醐灌顶之语——相信自己,把握好管理之道,即可看见希望。另外,易学当中的太极图和九宫图,也与管理有着千丝万缕的关系。

在此过程中,我时常也会反省自己,我是不是能够做到释儒道易所传达的这些呢?我是否也像自己说到的一样“说得比做的好听”呢?仔细想想,发现自己还真是不行,欠缺之处随处可见,也经常会控制不好自己的心态,更多时候会去争强好胜。但是幸运的是,至少我已经明白了这些个中道理,所谓“虽不能至,然心向往之”,即使现在的我还很弱小,但10年、20年,甚至50年后的我,可能会变得更加优秀,会将自己塑造得更加真实、完整。心存期待,便是对自己最大的鼓励。我们的这本《其实,你可以更优秀》,不仅从管理的角度告诉你,其实你可以更优秀地去做一位管理者,只要你有科学的方法来历练自己,能用扎实的技术来训练自己,并且还能较好地懂得“人心之术”,“优秀”不难实现,“更优秀”也是你可以企及的目标;而且还从一个社会人的层面告诉你,怎样可以让自己得到提升,得到更充实的发展;更是从一个精神的高度来诫示你,成功不难达到,关键是你怎么看待自己,怎么去认识自己,怎么去说服自己让周围的人有理由相信你、尊重你、敬佩你。

如果学好管理,那么你就可以做一根会思想的苇草。

我参与,我快乐

——蒋夏斌(院优秀辩手、国贸121班学生)

首先自己能作为这本书出版的参与者,感到很幸运,在参与出版的过程感悟很多,特别是在和著名企业家张董、朱院长,和其他老师和教授的交流中,能学到很多以前在课本上学不到的关于管理的经验,也纠正了原来一些在管理上的误区,真可谓收获了一笔巨大的财富。

我认为《其实,你可以更优秀》这本书,最大的特点就是内容精简干练,联系生活实际,能让每个人都看得懂,也让人愿意静下心去看。本书不像一些其他的管理学的书籍内容复杂摸不着头脑,而是能用自己的观点把很多看似复杂的东西趋于统一,找到根源,它不细谈管理下面各种分支管理,而是站在管理本源的角度去研究,去完善,这让我们能够在未来不确定的情况下,不盲目,能时刻做好准备,不断完善自身,从而当未来的机遇出现时,我们能够把自己最优秀的一面展示出去,把握机遇,这也便是人生成功的一个方面了。

张董曾经问过我们一个问题我印象特别深刻,他说,如果你是一个猎人,当猎物出现之前,你应该做些什么?我们可以认识到,这里所谓的猎物其实指的就是人生的机遇。那么当猎物出现之前我们应该怎么做呢,是拿着猎枪在树林里闲逛,还是守株待兔,这也恰恰是现在很多中国的高中生和大学生所选择的方式,有些学生没有自己的梦想,没有自己的目标,或者说离踏入社会还比较远,只想着作为一个学生好好地玩就行了，可是到头来呢，一眨眼时间就到了，当面对机遇或者说是面临就业压力的时候，才发现自己手上能用的工具都没有，没有真才实学，然后才开始努力，这时候机遇也就跑掉了，也落后于其他一些很早就在为自己准备的人了，这时候才会去想当时就应该不断地完善自己，这也就是这个问题的答案，在猎物出现之前我们要擦亮保管好自己的枪，当未来猎物出现的时候，能保证一枪毙命。去管理别人之前我们要做的就是搞好自身的内部管理，只有把自己管好了，才能应对这个未知的未来，才能在竞争中始终处于处变不惊的局面，另外一方面，时间管理具有积累的特性，每天积累一点，一年以后，三年以后就是一个巨大的时间积累，把每天都收获的管理经验聚合在一起，效率就上来了，就会发现是一笔巨大的财富。这也是本书的管理从自我开始这一方面的重要体现了。

那么要怎么样才能管理自己呢，或者说管理自己要从哪几个方面着手呢？这也就是我主要参与协助完成的第三章里面的内容所讲到的，科学管理自身要从四扇门开始。这四扇门把自身内部管理的所有要求都包括进去，只要管理好了四扇门，那么我们就说自身管理也就没有弱点了。在说到四扇门之一的情门的时候，要处理好人与人之间的关系，要对父母孝顺，那么什么才算是真正的孝顺呢？给父母买好吃的，好穿的，让他们衣食无忧，这固然是孝顺的一个方面，带父母出去游玩，给他们洗洗脚，这固然也是孝顺的一方面，张董把这所有孝顺的形式概括为两个字，我认为是十分的恰当的，那就是“心安”。要让父母心安，这不是一定要求子女赚多少钱，吃得多好，住得多好，父母要心安，就要求做子女的在外面能安安全全、健健康康，能经常挂念父母，经常往家里打个电话，跟父母聊聊天，让他们不用担心子女，始终能心安地享受晚年生活，心情愉悦了，也就做到真正的孝顺了。这点是十分触动我的心的，我们每个大学生基本上都已经成年了,但是成年的我们却离父母越来越远了,这点是要引起我们反思的,自身管理的其中一个方面就是要处理好和父母的关系,让我们在外面闯荡的时候不会让父母担心,让他们对我们有信心。所以从现在开始,要做到孝,就要做到让父母心安,不让父母担心很多事情,走近父母,用心去交流,这是我们管理自己必须要做的一步。在保持健康的方面,把人为什么会生病概括为失衡和污染,这就像本书总的基调一样,不具体展开细节,而是把很多事情概括为重要的点,让大家都能恍然大悟,这也许也是很多人愿意去看本书的一个原因吧。

在参与本书的谈论过程中,我经常会有醍醐灌顶的感觉,我觉得这本书很大的特点就是能把很混乱的思绪理清楚,直观而且简洁地呈现在读者面前,让一些很难解释清楚的现象用小故事表达出来,也能让读者感受到醍醐灌顶的感觉,体会到以前没有的思想。本书的思想不是说特别的新颖,相反的是简洁明了,抛弃了所有错综复杂的,把最精炼的思想融汇在一起,也方便读者捕捉到有用的信息。我看了本书以后也觉得自己在管理心得上有了进一步的认识。我们现在作为一个大学生,最重要的事情是完善自己,包括学习专业知识,和别人沟通社交的技巧和方式,处理突发状况的能力,等等,在暑假和寒假长时间的一些假期去企业争取一些实习的机会,为未来做好充足的打算。保持身体健康,多运动,注意饮食规律,现在就是积极把枪擦亮的关键时候,当未来机遇出现的时候争取一下子就抓住。通过本书,我认识到,每个人其实还是有很大的潜力的,只是自己没有发现罢了,而本书就是通过管理,把自己的潜力发掘出来,并且把潜力发挥到最大的价值,这也就是本书的目的了,其实每个人都可以变得更加优秀。《其实,你可以更优秀》这本书值得你拥有。

要管理好自己的行动

——孙应松(国贸121班团支部书记)

管理是一门陪伴终身的学问。怀着对管理浅薄的理解,在这几次的讨论会中不断汲取管理知识和理念,也让我对管理二字有了更深层次的理解。

非常感谢这次机会,能去了解张先生的奋斗历史,了解他几十年的传奇人生。岁月的打磨让他对管理有自成一套的见解,在讨论中他把人生经历结合管理理念与我们分享,我颇受启发,在院长、老师和同学一起的唇枪舌剑中,就许多对于管理、对于自身、对于团队的争议点与矛盾处进行多次交流,让我有了新的认识。

我负责的板块“二八定律定管理”中,在多次的探讨和查阅资料后,我发现生活中各处都在使用这个理论。一是把有限的精力放在能产生更多效率的事情上面。作为大学生,期末考试应该是头疼的一关,你会发现越临近期末,宿舍楼里无论多晚总有灯亮着,总有人还在看书。面对海量的知识点,在有限的时间中怎样取得满意的成绩?那就是对题入座,针对重点复习,这样才能事半功倍。当然,学生还是应该养成良好的学习习惯,临时抱佛脚可不太好。

在多次交流中,管理的核心一直被重复提起。核心精髓与诀窍,而管理的核心就是管理双方的利益要平衡。在这一点上,我深有感触。作为班级的团支书,我也管理班级大大小小的事务。印象最深的是在统计学年德育分时,统计资料显示的分数经常有出入,同学们都很着急自己的分数“缺斤少两”,我就不断和他们沟通哪里出了错误,再和管理部门反映这个情况,弥补错误。说德育分的准确统计关系到同学和我的利益。倘若我只顾自己利益而不顾同学切身利益,恐怕我这个团支书也早就"下台"了,在每次的沟通中同学们会有很多情绪,作为一个管理者,一个问题解决者,应该一直以积极乐观的态度去帮助同学们协商,最后达到满意的效果。

管理的两方面一个是二八定律,另一个是管理的核心。在之前我根本没听说过,也没思考过管理的这两大方面,通过这次学习让自己有了很大的进步。

我认为管理首先在于自身,只有把自己管理正确,你才能更优秀。

每个人的人生都是一张白纸,我们用岁月做笔,以经历为色,在白纸上挥洒自如,是一幅恢宏大气的青墨山水画,还是纵横交错的胡乱线条都取决于自己。管理好自己,是我们的必修课,也是我们踏入管理殿堂的第一门学问。

首先要管理好自己的目标。所谓梦想是漫漫长夜坚持前行的路灯,所谓目标是竭尽所能想要实现的愿望。确定自己短期、中期、长期以及未来的目标,知道该朝哪个方向行走。一个人最可悲的不是他失败,而是他没有目标,永远处于迷茫与混沌之中,从而深陷一辈子。

其次是管理好自己的心态。我们常说这个人看起来气场真强大,他很自信。气场,看不见摸不着,只能感受,它是萃取人生数载心路变化的淡然从容。自信从来不是与生俱来的,而是通过一个人的见闻与知识来展示的。如果你一个人面对几十个人演讲还是很怯场,那么是时候管理你的心态了,自信不浮躁,自信不自傲,乐观坚持,不抛弃也不放弃。

最后也是最重要的就是管理好自己的行动。有了方向,有了不怕失败乐观的心态,缺的就是踏上这条路的第一步。迈出第一步,即使前路坎坷也要勇往直前。因为你很优秀,其实你可以更优秀,只要你坚持管理好自己。

A是我的朋友,他在一所985高校,他和我说学校图书馆每天都是满的,食堂也是满满的人在看书,他记得很清楚,元旦前一天,外面的烟火很漂亮,五彩缤纷,声响不绝,但图书馆、食堂依然是满满的人在看书。当时他非常感动,第一时间告诉了我这件事,我也一直很感触。能到那个学校的人都很优秀,但优秀的人都没停止脚步,依然在为明天奋斗,那普通人呢?

B是我的另一位朋友,高考失利,念了专科,不甘心,把三年过得比高中还苦,先考专升本再考研,现在已是中国前十名校的研究生。这样的例子太多太多,只要你细心留意,你会发现身边的某个同学就是故事里的励志主人公。其实你很优秀,但你可以更优秀,管理好自己,努力让自己做好是第一步。

身边有太多的抱怨,太多的失败,高考失利、考试挂科、人际交往差劲、失恋、沉迷网络、比赛淘汰、团学社工作不顺利、未来在哪?回答:不知道。梦想是一辈子的事,负面情绪只是人生旅途的过路风景,你又没输掉整个人生。管理自己,学会管理,其实,你可以更优秀。

后　记

暑来寒往,春华秋实。宁波工程学院经济与管理学院与企业家长期合作培育人才的机制,经过十余年的探索已经硕果累累。十余年前,张弼君董事长与经管学子"谈经论理"的身影仍使一批经管校友津津乐道。

当下的宁波工程学院经济与管理学院,已拥有省级重点学科——管理科学与工程,市级重点学科——企业管理,校级重点学科——物流管理、会计学,院级重点学科——区域经济学、国际贸易学,以及一批省、市、校重点专业,年科研经费额已超过500万元。尤其在学校"双合作"战略的驱使下,与张董事长的交流更加紧密。

在上述背景下,张弼君董事长与我磋商,如何将企业家的一线管理经验传播到更广范围,决定由张弼君董事长与我共同牵头,经管学院屠巧平教授、张晓东博士、罗耀老师,以及张弼君董事长的助手徐捷副总经理,与六位优秀学生一起共同组建了一支优秀的项目研讨团队。

面对社会转型、产业升级的经济发展环境,该团队采用讲座、研讨、展示、辩论、修改、完善等步骤,使文稿逐步得以完善。全书由张弼君与我总策划,张弼君精心组织讲稿,讲述核心思想,我根据张弼君演讲的精髓,拟定全书大纲,并负责全书的统稿和审稿,张弼君负责全书的最后审稿。具体分工为:张弼君作序并提出每章的核心内容,我撰写每章的主旨和后记;蔡纬莹负责第一章书稿内容录音资料的整理和初步写作,我修改、定稿;王琳洁负责第二章书稿内容录音资料的整理和初步写作,我修改、定稿;蒋夏彬负责第三章书稿内容录音资料的整理和初步写作,屠巧平与我负责修改、定稿;孙应松负责第四章书稿内容录音资料的整理和初步写作,罗耀与我负责修改、定稿;丁梦莹负责第五章书稿内容录音资料的整理和初步写作,张晓东修改、定稿;张雪萍负责第六章书稿内容录音、资料的整理和初步写作,张晓东修改、定稿;徐捷负责事务的联络。徐捷和六位同学分别撰写的写作和阅读心得附在书后。

衷心感谢浙江大学出版社编辑吴伟伟老师为本书的立项、编辑、出版所付出的汗水和心血。

由于编著时间紧,本书出版后难免存在这样和那样的不足,恳请诸位热心的读者给予批评和建议,以使再版时进一步完善。凡是给出有价值的意见和建议的,不论再版时采纳与否,我们都会按所附的地址寄送新书,以示感谢!

朱占峰

2014 年 10 月